stefan **gottschling**

einfach besser **texten**

book@web

stefan gottschling

einfach besser texten

GABAL

Die Deutsche Bibliothek verzeichnet diese Publikation in der Deutschen Nationalbibliografie; detaillierte bibliografische Daten sind im Internet über http://dnb.ddb.de abrufbar.

ISBN 978-3-89749-590-6

Projektmanagement:
Ute Flockenhaus, Fischerhude
Lektorat:
Dr. Reiner Gosmann, Soest (www.learning-concepts.de)
Art Direction, Design und Satz:
KOEMMET Agentur für Kommunikation, Wuppertal (www.koemmet.com)
Druck und Bindung:
Salzland Druck, Staßfurt

2. Auflage 2007

book@web – More success for you!

In der Reihe **book@web** erscheinen junge Karriereratgeber zu aktuellen Businessthemen mit eigener Internetanbindung.

Zu jedem **book@web**-Buch gibt es unter **www.book-at-web.de** einen kostenlosen Workshop, in dem Sie Ihr Wissen aktiv trainieren und sich mit anderen Teilnehmern austauschen können.

Ihr Buchschlüssel für den **book@web**-Workshop lautet: **Alliteration**

b@w Dieses Signet kennzeichnet auf den folgenden Buchseiten die Workshop-Themen im Internet.

Sie haben auch an anderen **book@web**-Themen Interesse, aber keinen Zugang zum geschlossenen Bereich unserer Homepage? Kein Problem! Auch außerhalb der geschlossenen Sites gibt es für alle Interessenten viele nützliche Informationen und Services zum Themenbereich Beruf und Karriere. Dazu gehören Diskussionsforen, Newsletter, Bücher, Glossar, Seminare und zum Schnuppern ein Demo-WBT. Sobald Sie registriert sind, stehen Ihnen alle Funktionen unserer Business-Community frei zur Verfügung.

Wir freuen uns auf Sie und wünschen Ihnen viel Erfolg!

Ihr **book@web**-Team

Warum »Texten« mehr ist als »Schreiben« – und worum es in diesem Buch geht

Ja, jeder kann schreiben. Und das tun wir. In Geschäfts- und Privatkorrespondenz, in Werbebriefen, Anzeigen, auf Plakaten, im Internet, in Songtexten, Drehbüchern, Protokollen. Mal mehr, mal weniger gut. Doch professionelles Schreiben oder Texten ist noch mehr. Es ist der Einsatz von Techniken. Es verbindet Talent mit Wissen um Stil-Formen, Textwerkzeuge und formale Anforderungen. Nun wehrt sich allzu oft etwas in uns gegen Vorgaben. Doch nur, wer Regeln und Grundlagen kennt, kann sie ändern und »anpassen«.

Text-Profis müssen auf viele Dinge achten: So sollen sie »zielgruppengerecht« schreiben. Die richtige »Tonalität« treffen. Ihren Lesern »aufs Maul schauen« und es dann doch nicht an Rechtschreibung, Grammatik und vornehmer Zurückhaltung fehlen lassen. Doch wie reden Jugendliche, der Klempner an der Ecke, der Rechtsanwalt, im Beruf, zu Hause, wenn die Füße auf dem Couchtisch liegen und der Mensch – ganz privat – in Katalogen blättert, seine Zeitung liest. Was gibt uns Textern eine Ahnung von der Wirklichkeit? Das richtige Leben – und viele gelebte Leben in TV, Kino, Literatur. Zu Talent und Handwerk kommt Lust und Liebe. Lust am Lesen, Lust an Rollenspielen, Lust an gelebtem Leben. Lust an Menschen, Lust an Sprache und Sprachspielerei. Die Lust, sich verständlich zu machen!

Ja, Text-Profis sind mehr als Gelegenheitsschreiber. Doch wo kann man in aller Kürze nachlesen, was man zum Texten braucht? Ich habe mir beim Einstieg ins Texterleben immer ein schlaues Büchlein gewünscht. Ein Buch, in dem ich alles finde, was ich brauche. Ein Buch, das Schreibkniffe verrät, nach Jahren noch einmal in die Grundlagen der Grammatik führt. Ein Buch, das Werkzeuge an die Hand gibt und das zeigt, wie man sich auf das neue Leben als Mitglied der schreibenden Zunft vorbereitet. In jeder Lage sollte hier guter Rat stehen. Wie im Pfadfinderbüchlein von Tick, Trick und Track.

Hier ist Ihr »schlaues Buch« für gutes Schreiben. Ein untypisches Buch zum Text mit all den Informationen, die man in Texterbüchern eigentlich nicht findet! Ein Buch zum Text, das viele Dutzend Bücher beinhaltet! Ein Texterbuch mit Verlängerung ins WWW! Ein schnelles und kurzweiliges Buch! Ein Buch, das noch lange nicht vollständig ist und Sie immer wieder zu neuen Entdeckungen auffordert.

Es will Ihnen helfen, noch mehr, noch besser, noch leidenschaftlicher zu texten. Dabei haben viele tausend Seminarteilnehmer mitgeholfen. Herzlichen Dank für Fragen, Ideen und Kritik. Vieles wurde in diesem Buch aufgegriffen.

Viel Spaß damit ...

Ihr
Stefan Gottschling

Die Gebrauchsanweisung

► Diese Bedienungsanleitung soll Ihnen helfen, größtmöglichen Nutzen aus Ihrem Texterbuch zu ziehen. Deshalb lesen Sie hier noch einmal einen Überblick der wichtigsten Kapitel und finden unterschiedliche Wege ins Thema.

//Die Gliederung

Dieses Buch hat 6 Kapitel:

01. Grundlagen
02. Stil
03. Formen
04. Handwerk
05. Werkzeuge
06. Zauberkasten

»Grundlagen« will grammatikalisches Wissen einfach, ohne schulischen Beigeschmack auffrischen. Denn aus der Schule wissen wir noch: Grammatik ist langweilig. Informationen über Wortarten und Satzbau sind trocken. Hier ist kurz und komprimiert, was Sie darüber wissen sollten. Wer ohne Grammatik einsteigen will, erfährt in diesem Kapitel auch, wie wir Texte mit den Augen aufnehmen.

»Stil« liefert einen Werkzeugkasten, um bestehende Texte zu optimieren und um den eigenen Umgang mit Text weiter zu professionalisieren. Selbstverständlich gibt es viele hundert Stilregeln und Stilbücher. Die will dieses Kapitel nicht ersetzen. Es will Ihnen aber sehr pragmatisch und ohne den Anspruch auf Vollständigkeit Wege zeigen, mit Ihren Texten weiterzukommen.

»Formen« setzt bei den formellen Anforderungen eines Textes an: Werbebrief, Pressemeldung, aber auch der Liebesbrief oder das Schreiben von Anreißern für das Internet stellen Anforderungen an den Text. Hier schlagen Sie einfach nach, wenn Sie beispielsweise einen Werbebrief schreiben wollen – und legen los.

»Handwerk«: Wie in vielen Bereichen gibt es im Text handwerkliche Aspekte, die über den Erfolg entscheiden. Hier geht es nicht um die großen stilistischen Anforderungen an ein Medium, sondern einfach um »richtig« oder »falsch«. Wie spricht man im Brief korrekt an? Wie indexiert man richtig? Was sollte man zur Unterschrift unbedingt wissen? Künftig schlagen Sie einfach nach ...

»Werkzeuge«: Neue Ideen finden? Schnell eine Wortbedeutung nachschlagen? Ein passendes Zitat? Verlässliche Informationen, was an einem bestimmten Tag passierte? Woher kommt ein bestimmtes Sprichwort? Im Kapitel Werkzeuge finden Sie Empfehlungen, die für Profi-Schreiber unerlässlich sind – mit Linkliste ins Internet und konkreten Lesetipps.

Der **»Zauberkasten«** fällt etwas aus dem Rahmen. Er ist ein Sofort-Programm für bessere Texte. Sie nehmen, was Sie geschrieben haben, aktivieren Ihren Zauberkasten und finden garantiert Ansatzpunkte, um Ihren Text zu optimieren.

Noch mehr Details zu den einzelnen Kapiteln liefert Ihnen übrigens das jeweilige Vorwort. Viel Spaß!

Grundlagen

Die Spielregeln der Sprache

Grammatik, Satzbau, Satzzeichen und das Wissen, wie Lesen »funktioniert«. Diese Grundlagen unserer Sprache sind Basiswissen für jeden Profi-Schreiber. Nun kann natürlich jeder lesen und schreiben. Aber wer erinnert sich wirklich noch an die Grundlagen in Deutsch aus der Schulzeit? Wie benennt man die Grundelemente unserer Sprache? Und wie kombiniert man sie?

► Schaden kann sie keinesfalls, die kurze Grammatik für Nachholer. Sie fasst Basisregeln der deutschen Sprache zum schnellen Nachschlagen zusammen. Nicht in Schuljargon, sondern einfach und schnell zu lesen. Mal ehrlich: In vielen Text-Talenten ist dieses Basiswissen verschüttet oder als langweiliges Schulerlebnis abgelegt. Dabei wäre die Reaktivierung wie eine erfrischende Dusche für die Sprache. Oder können Sie die einzelnen Teile des vorherigen Satzes benennen, ihre Funktion beschreiben?

Der erste Abschnitt dieses Kapitels führt in die Wortarten, Abschnitt zwei zu Satzzeichen. Doch zuerst ein Bild, das Ihnen hilft, Wortarten und ihre Rolle im Satz ganz einfach zu behalten. Stellen Sie sich Wörter doch einfach wie Schauspieler auf einer Bühne vor ...

Los geht's ...

Die Themen dieses Kapitels:

Auf der Wortbühne

► Willkommen im Worttheater! Schon kommt das Ensemble auf die Bühne. Zuerst die Hauptdarsteller jeder Vorführung: die Hauptwörter. Sie sehen mit ihren Großbuchstaben vorne dran immer sehr bedeutend aus. Und sie haben immer einen Begleiter in der Nähe, das Begleitwort oder den Artikel. Egal, wie ein Hauptwort kostümiert ist, an den Begleitern erkennt man sofort, wer da auftritt: Männchen, Weibchen oder ein Ding. Direkt neben den Hauptwörtern marschieren die Wiewörter. Je nach Wiewort erscheinen Hauptwörter immer wieder anders: Groß, klein, rot, blau usw. Sieht man genauer hin, haben die Hauptwörter Stellvertreter mitgebracht, die für sie später in die Handlung einsteigen. »Fürwörter« sind Ersatzspieler – und davon gibt's mehrere Typen (er, sie, es usw.).

Die quirligsten Darsteller sind aber die Tuwörter oder Verben. Sie bringen Leben auf die Bühne. Sobald sie vorn am Bühnenrand erscheinen, weiß das Publikum, was »los« ist. Verben nach vorn!

Am Rand der Bühne trödeln auch Zahlwörter und Ausrufwörter herum. Ausrufwörter gehören eigentlich nie so richtig dazu und sind Eigenbrödler. Zahlwörter haben aber immer einen großen Auftritt – wenn man sie braucht.

Als sich die Handlung entwickelt, tauchen drei neue Darsteller auf. Bindewörter ordnen Darsteller einander zu. Das ist einfach: Ein kleines »Und« macht schnell klar, was wohin gehört. Verhältniswörter (Präpositionen) machen noch klarer, wie die Dinge zueinander stehen (in, im, unter, zwischen, über, hinauf oder hinab). Und Gott sei Dank läuft immer wieder ein Darsteller mit einer Tafel über die Bühne, um zu erklären, unter welchen Umständen gerade etwas geschieht: Gestern, heute, dort ... – der Job des Umstandsworts oder Adverbs.

Ein schönes Theater! Aber man sagt, diese Truppe kann alles spielen.

Wortarten: Die Elemente im Satz

► Schreiben ist einfach: Stellen Sie sich Sprache doch wie einen Baukasten vor. Darin liegen zehn verschiedenfarbige Klötzchen: unsere Wortarten. Ganz oben die drei wichtigsten Bausteine: Verben, Substantive und Adjektive.

Tätigkeitswörter oder Tuwörter (Verben)
Verben drücken Handlungen, Vorgänge und Zustände aus.

Hauptwörter (Substantive oder auch Nomen)
Nomen bezeichnen Lebewesen, Pflanzen, Dinge, Materialien und abstrakte Begriffe wie Eigenschaften, Vorgänge, Beziehungen usw.

Eigenschaftswörter (Adjektive)
Adjektive dienen dazu, einem Lebewesen, einem Gegenstand, einer Handlung, einem Zustand usw. eine Eigenschaft, ein bestimmtes Merkmal zuzuschreiben.

Schaut man genauer hin, ist schnell erklärt, was diese drei Hauptelemente tun: Verben bringen Bewegung in unseren Text (da tut sich was), Hauptwörter sind das, was bewegt wird, und mit Eigenschaftswörtern grenzen wir das, was bewegt wird, voneinander ab.

Artikel, Pronomen und Zahlwörter ergänzen diese drei Bausteine und bilden gemeinsam mit Verben, Substantiven und Adjektiven das flexible Grundmaterial der Sprache. Diese sechs Wortgruppen verändern sich im Satz. Im Germanistendeutsch: Sie werden gebeugt und machen Sprache dadurch noch lebendiger. Hier sind zunächst die »Bausteine«:

Geschlechtswörter / Begleitwörter (Artikel)
Der Artikel tritt immer zusammen mit einem Hauptwort auf. Er zeigt das Geschlecht – und er macht kleine, aber feine Unterschiede. »Das Haus am Meer« meint ein bestimmtes Haus. »Ein Haus am Meer« ist noch unbestimmt.

Fürwörter (Pronomen)
Pronomen stehen im weitesten Sinn für das Hauptwort. Anstelle von »das Haus« schreibe ich im Folgesatz »es«. So kann ich als Schreiber Wiederholungen vermeiden und verschiedene Verhältnisse zu und zwischen Hauptwörtern deutlich machen.

Zahlwörter (Numerale)
Neben den bestimmten Zahlwörtern (ein, zwei, drei) besonders wichtig: die unbestimmten, wie alles, wenig, viel usw.

//Wenn Wörter in Bewegung kommen ...

Ein Phänomen haben alle bisher genannten Wortarten gemeinsam. Sie bleiben im Satz nicht immer gleich. Solche Veränderungen nennt man **Beugung oder Flexion.** Ein Oberbegriff, denn die Flexion oder Beugung des Substantivs nennt man **Deklination** (des Hauses, der Häuser usw.), die Flexion des Verbums: **Konjugation** (ich lese, du liest) und die Beugung des Eigenschaftsworts: **Komparation** oder Steigerung (schön, schöner, am schönsten). Sechs unserer zehn Elemente des Wortbaukastens werden also gebeugt.

Vier Elemente fehlen noch im Wortbaukasten: Umstands-, Verhältnis-, Binde- und Ausrufwörter. Sie bleiben immer gleich und werden nicht gebeugt.

Umstandswörter (Adverbien)
Das Adverb bezeichnet die Umstände, in denen ein Geschehen, eine Handlung verläuft. Durch Adverbien bezeichnete Umstände können zum Beispiel Ort, Zeit und Art und Weise sein (Er hat es *dort* weggenommen. / Ich habe *gestern* gelesen. / Wir sind *anders* gefahren.). Adverbien stehen allerdings nicht nur beim Verb, sondern auch bei Eigenschaftswörtern (*besonders* schön) und in weiteren Kombinationen (Ich komme sehr bald. / Das Haus dort gehört mir.).

Verhältniswörter (Präpositionen)
Präpositionen verbinden Wörter und Wortgruppen miteinander. Sie bezeichnen dabei ein räumliches, zeitliches, modales (Art und Weise) oder ursächliches (kausales) Verhältnis zwischen zwei Sachverhalten.

Bindewörter (Konjunktionen)
Konjunktionen verbinden Satzteile, Nebensätze und Hauptsätze miteinander (und, sowie ...).

Ausrufwörter (Interjektionen)
Interjektionen sind Ausdrucks- und Empfindungswörter. Sie werden meist in Gesprächen verwendet, um die Gefühlslage und das Empfinden des Sprechers auszudrücken und / oder die Aufmerksamkeit des Hörers zu wecken (Pfui, rühr das nicht an!).

Diese zehn Elemente sind das Material für Ihre Sätze. In der folgenden Tabelle sind sie noch einmal übersichtlich für Sie zusammengestellt:

Lateinische Bezeichnung	Deutsche Bezeichnung	Beispiele
1. Verb - Vollverb - Hilfsverb - Modales Hilfsverb (Modalverb)	**Tätigkeitswort, Zeitwort**	 - lesen, schreiben ... - sein, haben, werden... - wollen, müssen, mögen ...
2. Substantiv	**Hauptwort**	Buch, Haus, Liebe ...
3. Adjektiv	**Eigenschaftswort**	gut, süß, schön, rot ...
4. Artikel - Bestimmter Artikel - Unbestimmter Artikel	**Geschlechtswort**	 - der, die, das - ein, eine
5. Pronomen - Personalpronomen - Reflexivpronomen - Demonstrativ-pronomen - Possessivpronomen - Relativpronomen - Reziprokpronomen - Interrogativprono-men	**Fürwort** - persönliches - rückbezügliches - hinweisendes - besitzanzeigendes - bezügliches - wechselseitiges - fragendes	 - ich, du, er, sie, es, wir, ihr, sie - mich, dich, sich - der, die, das - mein, dein, sein, ihr, euer, unser - der, die, das - einander - Wer? Was? Wie? Welcher? Welche? Welches? Woher? Wohin? Weshalb? Wieso?

Lateinische Bezeichnung	Deutsche Bezeichnung	Beispiele
6. Numerale - Bestimmtes - Unbestimmtes - Sonstige	**Zahlwort** - Bestimmtes - Unbestimmtes - Sonstige	 - ein, zwei, drei ... - alles, nichts, wenig, viel, manches, einiges, etwas - einfach, zweifach ... einmal, zweimal ...
7. Adverb - lokal - temporal - modal - kausal	**Umstandswort** - des Ortes - der Zeit - der Art und Weise - des Grundes	 - hier, dort, da, bergauf - heute, morgen, bald - gern, vielleicht, ebenso - darum, deshalb
8. Präposition	**Verhältniswort**	in, im, auf, unter, über, zwischen, mitten, entlang, hinauf, hinab, diesseits ...
9. Konjunktion - Nebenordnende Konjunktionen - Unterordnende Konjunktionen	**Bindewort** verbinden zwei Hauptsätze, Nebensätze, Satzteile verbinden Haupt- mit Nebensatz	 und, zudem, außerdem, sowohl – als auch, oder, entweder – oder als, wenn, weil, da, damit, so dass, obwohl
10. Interjektion	**Ausrufwort**	Aua! Ach! Hallo! Oh! Hoppla!

Sätze und Satzbau: Bühne frei!

//Satzarten – und wie man sie konstruiert

► Die Wörter sind die Darsteller der Wortbühne. Die kennen Sie jetzt. Nun geht es an die Handlung. Das, was passiert, wenn die Darsteller aufeinander treffen. Wie in einem guten Theaterstück macht die richtige Kombination den Unterschied. Als Schreiber gilt es zu bedenken: Wie stellen Sie die einzelnen Darsteller zueinander? Wie schaffen Sie mit dieser Kombination Spannung? Wie im Theater gibt es unterschiedliche Stücke. So, wie wir zwischen Drama und Komödie unterscheiden, führen die Wörter drei grundlegende »Stücke« auf: den Aussagesatz, den Fragesatz oder den Befehlssatz.

Juliane schreibt. = **der Aussagesatz**
Schreibt Juliane? = **der Fragesatz**
Schreib, Juliane! = **der Befehlssatz**

Bereits mit zwei Wörtern lassen sich die wichtigsten Satzarten bilden!

//Der Bauplan: Subjekt-Prädikat-Objekt

Nun besteht ein Satz aus unterschiedlichen Satzgliedern. Wie ein Schauspieler eine bestimmte Rolle in einem »Stück« übernimmt, so sind Satzglieder kleinere sprachliche Einheiten im Satz, die bestimmte Funktionen erfüllen. Die wichtigsten Satzglieder sind:

- Subjekt,
- Prädikat,
- Objekt und die
- Umstands- oder Adverbialbestimmungen.

Letztere machen zusätzliche Angaben zum Geschehen. Und weil Satzglieder wie der ganze Satz nach bestimmten Regeln aufgebaut werden, verwenden wir – als Muttersprachler ganz automatisch – Baupläne für den Aufbau von Satzgliedern und Sätzen.

Juliane / schreibt / einen langen Brief.

Juliane: Das Subjekt oder der Satzgegenstand. Es steht immer im Nominativ (1. Fall) und lässt sich mit *Wer?* oder *Was?* einfach erfragen. Ein Subjekt kann auch aus mehreren Satzbausteinen bestehen, dann spricht man von einer Subjektsgruppe. Das eigentliche Subjekt »Juliane« wird dann zum Subjektskern.

Die völlig aufgedrehte Juliane ...

... schreibt: Das Prädikat oder die Satzaussage kommt in jedem vollständigen Satz vor. Es sagt aus, was das Subjekt tut oder erleidet und wird mit *Was geschieht?* oder *Was tut das Subjekt?* erfragt. Das Prädikat ist immer ein konjugiertes Verb (Vollverb, Hilfsverb oder Modalverb, aktiv oder passiv).

Verb aktiv:	Juliane schreibt.
Verb passiv:	Juliane wird gerufen.
Hilfsverb:	Ich werde König.
Modalverb:	Ich darf antworten.

Auch ein Prädikat kann aus mehreren Bausteinen bestehen und eine Prädikatsgruppe bilden. Das eigentliche Prädikat ist dann der Prädikatskern.

Juliane schreibt eifrig ohne Pause auf Papier...

... einen langen Brief: Das Objekt oder die Satzergänzung präzisiert die Satzaussage (Prädikat). Ein Objekt ist – im Gegensatz zu

Subjekt und Prädikat – nicht unbedingt notwendig, aber in fast jedem Satz enthalten.

Mit *Wen?* oder *Was?* erfragt man das Akkusativ-Objekt (*Juliane schreibt einen langen Brief.*).

Wem? fragt nach dem Dativobjekt (*Juliane schreibt dem König.*).

Die Frage *Wessen?* richtet sich auf das Genitiv-Objekt (*Er entledigte sich seiner Kleider.*).

//Nähere Umstände: Die Adverbial- oder Umstandsbestimmung

Umstandsbestimmungen machen – wie der Name schon sagt – zusätzliche Angaben zum Geschehen, das ein Satz beschreibt. Hier sind die wichtigsten Typen mit der jeweiligen Leitfrage:

- Adverbiale Bestimmungen des Ortes und der Richtung (lokale):
  Sie bestimmen Ort *(Wo?)*, Richtung *(Wohin?)*, Herkunft *(Woher?)*, räumliche Erstreckung *(Wie weit?)*
  Juliane wohnt am See. (Wo?)
  Müller fuhr von Hamburg nach Berlin. (Woher? / Wohin?)
  Man konnte das Geschrei bis auf die Straße hören. (Wie weit?)
- Adverbiale Bestimmungen der Zeit (temporale):
  Sie bestimmen Zeitpunkt *(Wann?)*, Zeitdauer *(Wie lange? / Seit wann?)*, zeitliche Wiederholung *(Wie oft?)*
  Müller erwachte am Morgen. (Wann?)
  Müller schlief drei Stunden. (Wie lange?)
  Ich habe mehrmals versucht, dich anzurufen. (Wie oft?)

- Adverbiale Bestimmungen der Art und Weise (modale):
  Sie bestimmen unter anderem Beschaffenheit (*Wie?)*, Quantität *(Wie viel?)*, Grad / Intensität *(Wie sehr?*), Art und Weise *(Auf welche Weise?*), Instrument / Mittel *(Womit?*), Begleitung und Nichtbegleitung *(Mit wem?)*, Vergleich / Gegenüberstellung (Wie?):
  Müller fuhr allein.
  Du hast zu wenig nachgedacht. (Wie viel?)
  Sie kommen mit ihren Freunden. (Mit wem?)
- Adverbiale Bestimmungen des Mittels (instrumentale):
  Sie bestimmen das Instrument / Mittel (Womit?):
  Müller fuhr mit dem ICE. (Womit?)
  Peter schreibt mit dem Bleistift. (Womit?)
- Adverbiale Bestimmungen des Grundes, der Ursache (kausale):
  Sie bestimmen z. B. Grund, Ursache oder Urheber eines Geschehens:
  Müller fuhr aufgrund einer Vorladung. (Warum? / Weshalb?)
  Wegen einer Besprechung konnte ich nicht anrufen. (Warum?)
- Adverbiale Bestimmungen der Einräumung (konzessive):
  Sie beschreiben die widrigen Umstände, trotz der sich das Geschehen entwickelt hat (Unter welchen (widrigen) Umständen?):
  Er hat es trotz aller Anstrengung nicht geschafft.
  Trotz heftiger Winde stachen sie in See.
- Adverbiale Bestimmungen des Zwecks (finale):
  Sie bestimmen den Zweck eines Geschehens (Warum? Zu welchem Zweck? Wozu?):
  Sie sparten Geld für schlechte Zeiten.
  Zur Erinnerung an unser Gespräch machte ich ein Foto des Restaurants.

Will man einen Satzbaustein besonders hervorheben, stellt man ihn an den Anfang: »*Am Morgen erwachte Müller.*«. Übrigens findet man durch solche Umstellproben schnell heraus, welche Wörter zusammen ein Satzglied bilden. Satzglieder lassen sich nämlich nicht sinnvoll voneinander trennen.

Der müde Müller	erwachte	am Morgen.
Am Morgen	erwachte	der müde Müller.

Was nicht geht:

Der	müde	am Morgen	erwachte	Müller.

//Zusatzinformationen: Beifügungen oder Attribute

Substantive können natürlich näher bestimmt werden. Ein Muss, wollen Sie sich präzise ausdrücken. Man fügt ihnen einfach weitere Wörter bei. Und diese Beifügungen, unser nächstes Satzglied, nennt man Attribute. Auch hier gibt es drei Typen:

01. Die Beifügung von Adjektiven (Adjektiv-Attribut):
Ein langer Brief, ein alter Baum ...
02. Die Beifügung von Partizipien (Partizipial-Attribut). Durch das Partizip machen Sie aus Verben Eigenschaften:
Die träumende Stadt, das schlafende Kind ...
03. Die Beifügung weiterer Substantive im Genitiv (Genitiv-Attribut):
Die Häuser der Stadt, das Verlassen der Wege ...

//Hineingequetscht: Die Einfügung oder Apposition

Die Apposition ist eigentlich ein nachgestelltes, durch Komma abgetrenntes Attribut. Sie steht im selben Fall, wie das Wort, auf das sie sich bezieht:

Mallorca, eine Insel, gehört zu Spanien.

Der Bürgermeister, ein frommer Mann, war unzufrieden mit dem Wahlergebnis.

Er schickte dem Bürgermeister, einem frommen Mann, das Wahlergebnis.

//Sonderform: das Prädikativum

Das Prädikativum ist – vereinfacht gesagt – eine Gleichsetzung, die sich auf das Subjekt (oder Objekt) eines Satzes bezieht. Es bezeichnet immer eine Eigenschaft des Subjekts (oder Objekts):

Müller ist (=) Steuerberater.

Eine besondere Form des Prädikativums ist das Prädikatsnomen. Im Deutschen wird es nach den Verben sein, werden, bleiben und heißen verwendet:

Müller bleibt Bundeskanzler.

Auch Adjektive und Substantive mit »als« werden als Prädikativa gebraucht:

Müller ging als beliebtester Direktor der Firmengeschichte in den Ruhestand.

»*Er nannte den Direktor einen Esel*« ist dagegen ein Prädikativum, das eine Eigenschaft des Objekts bezeichnet.

//Hier noch einmal die Satzbausteine / Satzglieder im Überblick

b@w

Satzglied / Satzbaustein	Frage	Beispiel
1.Subjekt (Satzgegenstand)	Wer? Was?	**Müller** singt ein Lied.
2. Prädikat (Satzaussage)	Was geschieht? Was tut das Subjekt?	Müller **singt** ein Lied.
3. Objekt (Satzergänzung)		
- Akkusativ-Objekt	Wen oder was?	Müller singt **ein Lied.**
- Dativ-Objekt	Wem?	Das schenkt sie ihrem Freund.
- Genitiv-Objekt	Wessen?	Wir gedenken der Toten.
4. Adverbiale Bestimmung (Umstandsbestimmung)		
- des Ortes und der Richtung (lokale)	Wo? Woher? Wohin?	Juliane wohnt **am See.**
- der Zeit (temporale)	Wann? Seit wann? Wie lange? Wie oft?	Müller erwachte **am Morgen.**
- der Art und Weise (modale)	Wie? Wie viel? Wie sehr? Auf welche Weise? Womit? Mit wem?	Er wurde **ohne Gegenstimmen** gewählt.

Satzglied / Satzbaustein	Frage	Beispiel
- des Grundes (kausale), - des Mittels (instrumentale) - der Einräumung (konzessive) - des Zwecks (finale)	Warum? Weshalb? Womit? Unter welchen (widrigen) Umständen? Wozu?	Er konnte **vor Müdigkeit** kaum noch zuhören. Er fuhr **mit dem Auto.** **Trotz des Regens** fuhren sie los. Das Team kam **zu Hilfe.**
5. Attribut (Beifügung) - Adjektiv-Attribut - Partizipial-Attribut - Genitiv-Attribut		 Ein **altes** Haus Die **träumende** Stadt Die Häuser **der Stadt**
6. Apposition (Einfügung)		Malta, **eine Insel**, liegt im Mittelmeer.
7. Prädikativum Gleichsetzung	= ? Ist was?	Lukas **ist Lokomotivführer.** Jim **ist krank.**

Die Satzzeichen: So führen Sie gekonnt Regie

► Die Darsteller, das Stück. Jetzt geht es um Ihre Regie. Als Regisseur haben Sie beim Satzbau ein neues Hilfsmittel – die Satzzeichen. Sie sind die Regieanweisungen für Ihren Text. Sie sagen den Wörtern, wie sie wirken sollen.

Satzzeichen sind Zeichen »mit Vergangenheit«. Sie stammen zum Großteil aus der Rhetorik, waren wichtige Hilfen für Redner. Auch heute spüren wir das noch: Wenn jemand nach dem Lesen eines Textes sagt: »Das klingt gut«, zeigt er, dass wir das »innere Hören« nicht abschalten können, dass Wortmelodie, Rhythmus und Satzmelodie auch im geschriebenen Wort eine große Rolle spielen. Denn im Text sind Satzzeichen mitverantwortlich für Betonung und Rhythmus und eine oft ungenutzte Optimierungschance.

Dieses Kapitel zeigt Ihnen, wie Sie Satzzeichen richtig nutzen ...

//Die Satzzeichen am Satzende: Punkt, Fragezeichen, Ausrufezeichen und Auslassungspunkte (...)

Der Punkt: der Vater aller Satzzeichen

Der Punkt ist das älteste Satzzeichen – und das wichtigste. Im römischen Altertum war der Punkt vor allem eine wichtige Hilfe für den Redner. Er sagte ihm: Stopp! Mach hier eine kurze Pause! Gib deinen Zuhörern Gelegenheit, über deine Rede nachzudenken – und gib dir selbst Gelegenheit, einmal tief Atem zu holen.

In der heutigen Grammatik ist die Funktion ähnlich. Der Punkt trennt Sätze voneinander ab. Auch hier schafft er eine geistige Verschnaufpause – nur diesmal für den Leser, nicht für den Zuhörer. Durch die Trennung gliedert der Punkt ganz natürlich den Aufbau Ihres Textes. Das System ist genial einfach und einfach genial: **Gedanke 1 – Punkt. Gedanke 2 – Punkt.** Und so weiter. Das zeigen auch die Aufforderungen *»Mach mal nen Punkt!«* oder *»Komm jetzt endlich auf den Punkt!«*. Sie sagen im Grunde: Fasse dich kurz und gliedere deine Gedanken sauber.

Das Fragezeichen

... ist noch relativ jung; seine heutige Funktion erhielt es erst im 15. Jahrhundert. Auch das Fragezeichen war zuerst ein Mittel, dem

Sprecher die richtige Betonung des Satzes zu zeigen, es zieht die Stimme am Satzende automatisch nach oben:

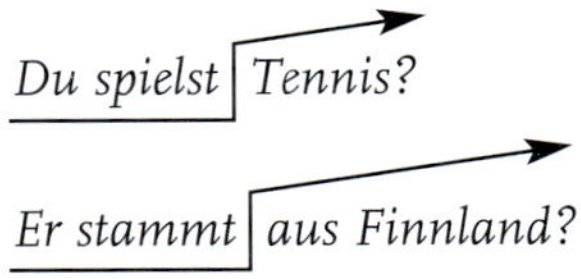

Beginnt die Frage mit einem Fragewort, wie »Wer?«, »Wo?« oder »Warum?«, ändert sich die Funktion des Fragezeichens. Es signalisiert dem Sprecher: Hier fällt die Stimme am Ende des Satzes ab. Hier sind drei Beispiele:

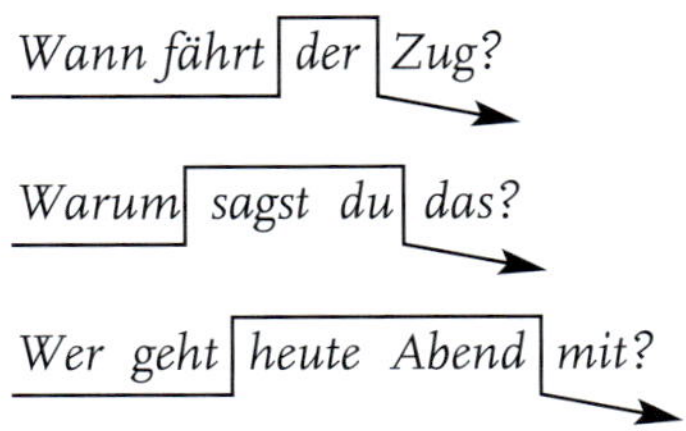

Im schriftlichen Gebrauch hat das Fragezeichen eine weitere Funktion. Wie der Punkt trennt es Sinneinheiten voneinander ab. Jedoch ist hier die Bedeutung eine andere. Der Punkt sagt: Dieser Gedanke ist abgeschlossen. Das Fragezeichen sagt: Hier ist noch etwas offen.

//Direkte Fragen ziehen den Leser in den Text hinein

Er wird Teil des Gedankenganges. Er vollzieht nach, wie der Texter denkt. Doch Vorsicht: Falsch eingesetzt kann das Fragezeichen Ihre Leser verwirren. Gerade im schriftlichen Verkauf erwartet der Werbeleser Information und Führung. Daher nutzen Sie das Mittel richtig! Wenn Sie Fragen stellen, sollten Sie diese im nächsten Satz beantworten, etwa nach dem Modell: *»Wie kam es zu dieser Entwicklung? Drei Gründe gaben den Ausschlag: 1. ...«*

Wenn Sie sich im Direktmarketing bewegen, gilt ganz besonders: Texte sind vorausgedachte Gespräche. Fragen Sie also nur, wenn Sie sicher sind, Ihr Leser bleibt durch seine Antwort im Text, oder wenn Sie wie oben eine Antwort gleich mitliefern oder andeuten können.

//Die rhetorische Frage

Sie beteiligt den Leser am Gedankengang, und Sie als Texter behalten trotzdem die Führung. Warum? Weil bei der rhetorischen Frage die Antwort schon vorgegeben ist. Auf die Frage »*Sicher sparen Sie auch gern Kosten?*«, antwortet Ihr Leser (im Normalfall) mit einem (gedachten) »*Ja*«. So holen Sie sich mit jeder rhetorischen Frage ein »*Ja*« bei Ihrem Leser ab. Doch Vorsicht! Schnell wirken rhetorische Fragen zu banal.

//Fragen als »Köder«

Im Text oder in der Headline können Fragen auch als »verbale Köder« dienen. Der Leser denkt nach und will die Lösung. Der folgende Text hilft bei der Beantwortung der Frage. Und dieses »Ich will die Antwort« motiviert, weiterzulesen oder sich mit einem Produkt / einer Marke intensiver zu beschäftigen.

Welche Farbe hat ein Zebra?
Wohnst du noch oder lebst du schon?

Doch auch hier gilt: Setzen Sie solche Fragen sparsam ein. Denn wenn Ihre Zielperson nun zu intensiv über die Frage nachdenkt, liest sie unter Umständen nicht weiter. In der klassischen Werbung ist die Beschäftigung mit Frage und Marke häufig schon das Ziel. Im Direktmarketing stellt man die Führung oft nochmals durch eine Floskel sicher. »*So geht's ...*« – »*Hier sind drei Antworten ...*« usw.

Das Ausrufezeichen

Das Ausrufezeichen ist eines der neuesten Satzzeichen. Wie das Fragezeichen ist es ein so genanntes Tonzeichen, das heißt, es beeinflusst die Melodie eines Satzes. Doch das Ausrufezeichen gibt keine genaue Satzmelodie vor, es zeigt dem Sprecher nur, dass er mit voller Stimme vortragen soll.

Geschrieben hat das Ausrufezeichen eine doppelte Funktion:

- Wie Punkt und Fragezeichen trennt es Bedeutungseinheiten voneinander ab. So gliedert sich Ihr Text, wird zu einer nachvollziehbaren Kette von Gedanken.
- Es unterstreicht Ihre Aussagen, macht sie lauter. Es ist die Möglichkeit, nur mit Zeichensetzung die Kernpunkte Ihres Textes herauszuarbeiten.

Der besondere Vorteil des Ausrufezeichens: Es »erhöht« sogar kurze Ausrufe zu vollwertigen Sätzen. Nur mit einem Ausrufezeichen machen Sie aus »Aua!« oder »Jetzt neu!« vollständige Einheiten. Und noch eine Leistung vollbringt das Ausrufezeichen: Es beeinflusst die Bedeutung von Sätzen – auch, wenn alle Wörter gleich bleiben! An folgendem Beispiel erkennt man das:

Das kannst du nicht tun.

Der Punkt macht diesen Satz sehr nüchtern. Der Sprecher hat entweder die Macht, etwas zu verbieten – oder er zweifelt daran, dass sein Gegenüber in der Lage ist, es zu tun.

Das kannst du nicht tun!

Hier ist die Lage ganz anders. Der Satz ist wesentlich emotionaler – und das ändert auch seine Aussage; der Sprecher ruft sein Gegenüber auf, etwas nicht zu tun. Anscheinend liegt ihm daran sehr viel, und er kann es gleichzeitig nicht verhindern. Auch möglich: Es ist bereits geschehen, und der Ausruf zeigt den Ärger oder das Entsetzen des Sprechers darüber.

//Vorsicht! Stakkato-Sätze!

Endlich da! Das neue Sonderheft! Mode, Mode, Mode! Ab morgen am Kiosk. Gleich vorbeikommen! Anschauen! Kaufen!

Sätze wie diese nennt man Stakkato- oder Asthmatiker-Sätze. Warum? Sie wirken atemlos, bringen Tempo in Texte – und sind ein wichtiges Stilmittel der Endkorrektur. Man nutzt sie, wenn es darum geht, einen Text rasanter zu machen. Oft klebt man kurze Sätze oder Teilsätze einfach hintereinander oder wählt die Aufzählung. Der Nachteil: Zu viele Ausrufezeichen hintereinander wirken zu laut, machen Druck! Und ein Leser erkennt dies durch bloßes Ansehen der Satzstruktur. Überlegen Sie also vor Stakkato-Sätzen, ob Sie beide Wirkungen, das Tempo und die Lautstärke, wirklich wollen.

Die Auslassungspunkte (...)

... sind das letzte Satzschluss-Zeichen – und auch das letzte Tonzeichen. Die drei Punkte halten die Stimme am Satzende in derselben Tonlage (→). Anders als beim Punkt (↘) oder dem Fragezeichen (↗), bleibt die Satzmelodie hier also unabgeschlossen, offen. Damit aktivieren die Auslassungspunkte wie kein anderes Satzzeichen die Neugier des Lesers: Wenn schon die Stimme signalisiert »Hier kommt noch etwas ...«, dann geht das Gehirn sofort mit und liest automatisch weiter.

Darum sind die Punkte (...) wie geschaffen für Werbetexte. Ganz besonders in führenden Überschriften oder Anreißertexten (Teaser). Denn der Teaser soll den Kunden locken, er ist eine Art Köder. Das Ziel des Schreibers: Gib dem Leser den kleinen Finger – und bring ihn dazu, gleich die ganze Hand zu wollen. Wie erreichen Sie das als Texter? Mit der gezielt-unvollständigen Information!

Und so sieht's aus:

Teaser-Text:
Der XY-Staubsauger macht Ihre Wohnung hygienisch rein. Eine neue Technik sorgt dafür...

Headline:
So werden Sie Profi-Texter ...

//Die Satzmittelzeichen: Doppelpunkt, Semikolon (Strichpunkt), Komma und Gedankenstrich

Der Doppelpunkt

Der Doppelpunkt erschien zum ersten Mal vor mehr als tausend Jahren. Damals, im 9. Jahrhundert, ist auch er auf den Vortrag ausgerichtet, kennzeichnete das Ende eines Verses. Bis vor etwa 300 Jahren teilte sich der Doppelpunkt seine Funktion im Großen und Ganzen mit dem Komma: Er gliedert einen langen Satz in mehrere Abschnitte. Heute ist der Gebrauch viel differenzierter. Kaum ein Satzzeichen erfüllt so viele Aufgaben wie der Doppelpunkt. Hier eine Übersicht:

- Der Doppelpunkt leitet Zitate ein. Beispiel: *Er sagte zu seiner Chefin: »So kann es nicht weiter gehen.«.*
- Der Doppelpunkt steht vor Aufzählungen. Beispiel: *Folgende Dinge brauchen wir zum Fest: Getränke, Becher, Teller und Stehtische.*
- Der Doppelpunkt steht gerade in offiziellen Schreiben und Listen, sei es in Besetzungslisten, Dosierungsan eitungen oder Lebensläufen. Dazu ein Beispiel:
  Geburtsort: München
  Nationalität: deutsch
  Größe: 1, 68 m
  ...

- Der Doppelpunkt setzt ein Fazit, er bringt einen langen Abschnitt auf einen kurzen Nenner. Beispiel: *»Lange Rede, kurzer Sinn: Das Projekt ist so nicht finanzierbar.«*
  Das macht den Doppelpunkt zu einem hervorragenden Zeichen, um den Gedankengang eines Textes nachvollziehbar zu machen. Denn er hat eine zweifache Funktion: Erstens schließt er einen Satz ab, hat damit eine ähnliche Funktion wie der Punkt. Zweitens ähnelt er auch dem Gedankenstrich, er bedeutet dem Leser: Lies weiter, hier kommt noch etwas!

Ein wichtiger Tipp zur Rechtschreibung: Für die Groß- und Kleinschreibung nach dem Doppelpunkt gelten folgende einfache Regeln:

- Wenn der Satzteil, der nach dem Doppelpunkt steht, unvollständig ist, schreibt man nach dem Doppelpunkt klein. Beispiel: *Das Auto ist schnell, modern und sicher: wie geschaffen für Sie!* Ausnahme: Die direkte Rede schreibt man immer groß, auch wenn sie nur aus einem Wort besteht. *Sie zischte ihn an: »Schweig!«*
- Folgt auf den Doppelpunkt dagegen ein vollständiger Satz, schreibt man diesen groß: *Mein Bruder kann heute nicht kommen: Er hat die Grippe und liegt mit Fieber im Bett.*
- Groß oder klein kann man schreiben, wenn anstelle des Doppelpunktes auch ein Gedankenstrich stehen könnte: *Das Haus, die Scheune, die Garage: Alles (alles) hatte der Sturm vernichtet.*

Der Gedankenstrich

Die Wurzeln des Gedankenstriches liegen ebenfalls im Sprachgebrauch; im 18. Jahrhundert wird er als Pause-Zeichen erstmals in der deutschen Grammatik erwähnt. Der Gedankenstrich ist heute das Zeichen mit den wohl meisten Anwendungen. Dazu gehören:

- Der Gedankenstrich setzt eine Pause im Satz. Beispiel: *Er sagte: »Wenn es nur das wäre! Doch alles ist noch schlimmer, denn ...« – hier versagte ihm die Stimme.*

- Der Gedankenstrich zeigt eine Wende im Satz, einen neuen Gedanken. Beispiel: *Die Sache ist ziemlich riskant – könnte uns aber viel Geld bringen.* Hier ähnelt er dem Doppelpunkt, streicht aber den Widerspruch zwischen zwei Aussagen noch stärker heraus.
- Der Gedankenstrich ist ein Gliederungszeichen, etwa in einer Aufzählung oder Liste. Beispiel:
  – Telefonat mit Dr. Müller
  – Besprechung wegen Projekt mit Firma Schmidtmann
  – Meeting mit Frau Hauser

Der Strichpunkt (Semikolon)

Der Strichpunkt ist das »schriftlichste« Satzzeichen – er hat von Beginn an keine Verbindung zur gesprochenen Sprache. Seine Funktion lässt sich etwa in der Mitte zwischen Punkt und Komma einordnen. Denn das Semikolon steht da, wo ein Punkt ein zu harter Schluss wäre, ein Komma aber kein genügendes Satzende darstellt.

Die **Nachteile:** Das Semikolon ist das wohl seltenste Satzzeichen der deutschen Sprache; entsprechend kennen viele Menschen seine Funktion nicht. Nachteil Nr. 2: Der Strichpunkt sorgt bei vielen Menschen für eine kleine Irritation auf der Ebene des inneren Hörens. Wie betont man ein Semikolon? Die Antwort: gar nicht. Der Ton bleibt in der Schwebe. Doch da wir alle Irritationen im Lesevorgang so gut es geht ausschließen wollen, stecken hier gewichtige Argumente gegen das Semikolon.

Der **Vorteil:** Manchmal nutzt man das Semikolon auch in Sätzen, die man grammatikalisch richtig auch mit einem Punkt abschließen könnte. Der Grund: Man will noch einmal nachsetzen, eine Begründung nachliefern, eine Spannung in der Schwebe halten.

Beispiel: *»Das Spiel ist gewonnen; ein Tor in der ersten Halbzeit hat gereicht.«*

Das Komma

Das Komma ist der Verwandlungskünstler unter den Satzzeichen. Über die Jahrhunderte wurde es ganz verschieden geschrieben und verschieden genutzt. Ein Unterschied zu den anderen Satzzeichen ist heute entscheidend: Das Komma trennt nicht nur vollständige Sätze voneinander, wie etwa der Strichpunkt, sondern Kommas reihen die unvollständigen Glieder eines längeren Satzes aneinander.

Einige Punkte sollten Sie beim Komma beachten:

- Das Komma gliedert längere Sätze. Das heißt: Schon auf den ersten Blick sieht jeder Leser: Hier wird's kompliziert, hier muss ich mich anstrengen. Bei einem Komma im Satz ist das meist noch in Ordnung. Doch halten Sie sich an die Faustregel: Nach dem dritten Komma wird ihr Satz schwer verständlich. Setzen Sie dieses notwendige Satzzeichen deshalb in Maßen ein und vermeiden Sie Schachtelsätze.
- Eine weitere Besonderheit, auf die Sie achten sollten: Das Komma beeinflusst den Sinn Ihrer Sätze. Je nachdem, wo und ob Sie es setzen, schaffen Sie eine andere Wortbedeutung – ohne ein einziges Wort zu ändern! Ein Beispiel:
  Schreib, Julia! ⟶ Julia soll schreiben.
  Schreib Julia! ⟶ Jemand soll an Julia schreiben.
  Falsche oder nicht gesetzte Kommata verfälschen den Sinn eines Satzes.
- Doch keine Regel ohne Ausnahme: Auch das Komma bereichert einen Text – wenn Sie es richtig einsetzen. An folgender Stelle verbessert ein Komma Ihren Text: Es ist ideal als »Tempomacher« bei Aufzählungen; hier gibt das Komma den Rhythmus des inneren Hörens vor. Zum Beispiel der Satz: *»Ich kam, ich sah, ich siegte.«* Hier könnten sie auch Punkte setzen. Doch das Komma, verbunden mit einer ganz klaren Satzaussage, macht diesen Satz noch schneller.

Lesen: Was uns ins Auge fällt und was nicht

Wie funktioniert eigentlich »Lesen«? Verblüffenderweise stellen sich viele Menschen den Lesevorgang als ein »buchstabenweises Entschlüsseln« vor. Wort für Wort, Zeile für Zeile zieht das Auge durch den Text ...

► Ganz falsch! Denn geübte Leser entziffern selten Buchstabe für Buchstabe. Das ist nur bei unbekannten Wörtern üblich. Das Auge gleitet beim Lesen nicht kontinuierlich über die Zeilen, sondern es »springt« und hält an bestimmten Punkten an. Wichtig für unseren Text: Wer weiß, wie sich das Auge durch eine Zeile bewegt, erhält wertvolle Rückschlüsse für den Umgang mit Wortmonstern.

//Wie Lesen »funktioniert«

Im Schnitt dauert ein solcher Augenhaltepunkt (»Fixation« ist das Fachwort) gerade einmal 2/10 Sekunden, ein Augensprung 2/100 bis 5/100 Sekunden. Dabei gilt eine weitere Einschränkung: Unsere Netzhaut kann nur in einem Bereich von ca. 2 Grad um die Sehachse scharf sehen. Der Umfang einer Fixation entspricht bei normalem Leseabstand also einem Kreis von 2 bis 3 cm Durchmesser.

Außerhalb des Fixationsbereichs nimmt das Auge nur grobe Merkmale der Schrift wahr, die (unscharf) auf die Randzone der Netzhaut fallen. Diese Informationen reichen jedoch aus, um eine (unbewusste) Entscheidung über das nächste Sprungziel der Augen zu treffen. Dabei sind Großbuchstaben, Ober- und Unterlängen, Wortzwischenräume und Wortlängen wichtige Anhaltspunkte.

Bei geübten Lesern oder beim Lesen eines einfachen Textes »springt« das Auge gleichmäßig über die Zeile. Insgesamt stellt man nur wenige Rücksprünge (zur Vergewisserung) fest. Viele Wörter werden ganzheitlich erfasst oder aus wahrgenommenen Teilen zum vollständigen Wort rekonstruiert. Ungeübte Leser bzw. schwierige Texte benötigen mehr Fixationen und Rücksprünge bei der Auswertung.

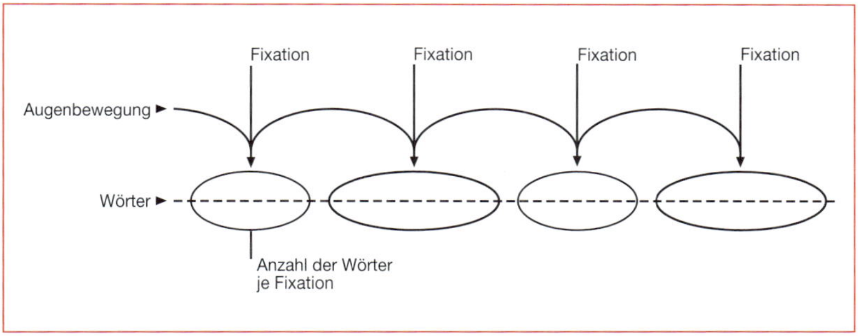

Fixationen eines geübten Lesers: Das Auge »springt« zügig über die Zeile.

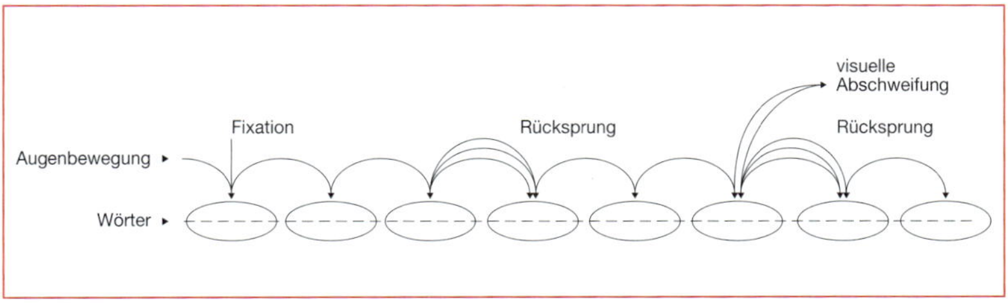

Fixationen eines ungeübten Lesers: Kürzere Sprünge, das heißt, weniger Wörter pro Fixation und Irritationen wie Rücksprünge (zur Vergewisserung), Abschweifungen.

Ganz klar, dass Worte wie »Automobilzuliefererkonferenz«, »Tapeziertischoberfläche« oder »Eröffnungsgutschein« nicht mehr ganzheitlich erfasst werden können. Sie sind zu lang. Wir brauchen zur Auswertung mehrere Augenhaltepunkte, und die müssen, soll's schnell verständlich sein, auch noch Sinneinheiten liefern.

Tipp Nr. 1:
Machen Sie Ihre Texte also schneller. Verkleinern Sie Wortmonster! Trennen Sie per Bindestrich oder formulieren Sie neu! Liefern Sie Sinneinheiten und geben Sie dem Auge des Lesers das nächste Sprungziel vor: Aus »Automobilzuliefererkonferenz« wird die »Konferenz der Automobil-Zulieferer« und die »Tapeziertisch-Oberfläche« ist schneller ausgewertet als die »Tapeziertischoberfläche«.

Tipp Nr. 2:
»Gutes« soll Ihrem Leser sofort »ins Auge fallen«! Ihr »Eröffnungsgutschein« zeigt als »Eröffnungs-Gutschein« gleich, was in ihm steckt. Also: Eröffnungs-Gutschein statt Eröffnungsgutschein. Begrüßungs-Scheckheft statt Begrüßungsscheckheft.

b@w //Anmerkungen zum Schrift-Bild

Hat man einmal den Zusammenhang zwischen Lesevorgang und der Theorie der Augenhaltepunkte erfasst, lassen sich sofort Grundsätze zu Schrift und Struktur ableiten. Auch wenn heute viele tausend Schriften (Schriftstile und Schriftarten) existieren und weitere Faktoren die Aufnahme von Text beeinflussen: Hier sind die wichtigsten Folgerungen:

Eine Tatsache wird in wissenschaftlichen Untersuchungen immer wieder bestätigt: Schriften sind dann gut lesbar, wenn die Buchstaben grafisch ausdifferenziert sind. D.h. sie sind formenreich und deutlich voneinander unterscheidbar. Dazu tragen vor allem deutliche Ober- und Unterlängen und die sogenannten Serifen bei. Das sind kleine Füßchen am Ansatz oder Abschlussstrich eines Buchstabens.

Diese Serifenschriften fasst man in der Schriftfamilie der Antiqua-Schriften zusammen. Dazu gehören Schriften wie Times, Bodoni oder Courier. Auf der anderen Seite gibt es eine zweite große

Schriftfamilie, die Groteskschriften wie Arial, Helvetica oder Univers.

Grotesk	Antiqua

Beim Lesen bilden die Serifen nun eine feine Leselinie, die dem Auge hilft, in der Zeile zu bleiben. Deshalb sind Serifenschriften im Druck etwas einfacher zu lesen als Groteskschriften. Denn hier gibt es eine Gefahr: Stehen die Zeilen zu eng beieinander, kann es passieren, dass gerade der ungeduldige Leser die Zeile verlässt und Mühe hat, beim Weiterlesen erneut den Einstieg zu finden. Trotzdem gibt es viele Unternehmen, die sich heute für Groteskschriften entscheiden. Hier sollten Sie darauf achten, dass genügend Zeilenabstand vorhanden ist. Dann wird die Leselinie, die bei einer Serifenschrift durch die Füßchen der Buchstaben gebildet wird, einfach durch die weiße Linie zwischen den Zeilen erzeugt. Auf dem Bildschirm sind Groteskschriften durch ihre klare Kontur immer die bessere Wahl.

//Noch einige Hinweise

- **Fette** und magere Schriften senken die Leserlichkeit gegenüber **halbfetten** und Schriften mit normaler Strichstärke. Der Grund: Die Buchstaben bzw. die Buchstabenkontur sind nicht mehr so gut zu erkennen. Allerdings eignet sich **fett** oder **halbfett** hervorragend zur Hervorhebung **eines Vorteils** in der Zeile oder für den Anschreiber. So nennt man den ersten hinführenden Absatz in Zeitungsartikel oder Prospekt.
- *Auch eine ungewöhnliche Schriftlage vermindert die Leserlichkeit. Das passiert beispielsweise bei Kursivschriften.* Verwenden Sie kursiv also ebenfalls nur zur Hervorhebung kurzer Textabschnitte. Allerdings wird kursiv immer mehr Standard beim Einfügen von Zitaten.
- In GROSSBUCHSTABEN GEDRUCKTE TEXTE WERDEN DEUTLICH

LANGSAMER GELESEN. Die Augen finden wegen der fehlenden Ober- und Unterlängen weit weniger Anhaltspunkte, die Wortumrisse gehen verloren, die Zeile wirkt als unterbrochener Balken. Vorsicht also auch beim Einsatz von Großbuchstaben in der Überschrift. Wenn, dann ein möglichst kurzer Satz oder wenige Wörtchen.

- Ebenso beeinflussen zu enge oder zu b r e i t e Abstände zwischen Buchstaben oder Wörtern die Leserl chkeit. Bei mageren Schriften erscheinen die Buchstaben nicht mehr als einzelne Zeichen, sondern fließen ineinander. Also, Vorsicht mit allen condensed-Schriften.
- Bei breiten Schriften, b e s o n d e r s b e i S p e r r u n g e n, erschwert der vergrößerte Abstand zwischen den Buchstaben die Zuordnung zu einem Wort. Unter Umständen sind hier mehrere Augenhaltepunkte nötig, um ein längeres Wort zu entziffern.
- Negativschriften sind schwerer zu lesen als positive Schriften.
- Schriften sind schwerer lesbar bei unruhigem Hintergrund oder wenn zu geringer Kontrast zum Hintergrund besteht.
- Auch die Schriftgröße beeinflusst die Lesbarkeit:
  Gut lesbar sind im Fließtext von Broschüren, Fachbüchern, Zeitschriftenartikeln oder Prospekten 8 bis 12 Punkt. Im Brief sind 12 Punkt (bei Times) oder 11 Punkt (Arial) optimal.

Was die Wahrnehmung von Schrift noch beeinflusst:

- Die Beleuchtung,
- der Blickwinkel,
- die Vertrautheit mit einer Schrift,
- der Leseabstand und
- Merkmale wie Buchstabengröße,
- Abstände zwischen Buchstaben und Zeilen,
- die Textstruktur.

//Die Textstruktur gibt ein erstes Signal

Merken wir uns an dieser Stelle gleich noch eine wichtige Information, die das Texten erleichtert: Ein unstrukturierter Text, das heißt, ein Text, der nicht in Absätze gegliedert ist und ein Blatt von oben bis unten füllt, gibt das Signal: »Ich bin schwer auszuwerten.«

Welcher Text lädt eher zum Lesen ein?

Präsentieren Sie Ihre Inhalte deshalb in vielen klaren Absätzen, die etwa zwischen drei und sieben Zeilen lang sind. So argumentiert übrigens auch ein guter Verkäufer. Er überschüttet sein Gegenüber nicht mit einem Redeschwall, sondern er spricht Vorteil für Vorteil an. Ihr in Absätze gegliederter Text signalisiert also: »Ich bin schnell und einfach auszuwerten.« Absatz für Absatz – und dieses Gefühl wollen wir unseren Lesern vermitteln. Das gilt ganz besonders für Werbung und für alle sonstigen Gebrauchstexte. Vergleichen Sie nur einmal den ersten Eindruck beim Betrachten obiger Textabschnitte.

Sorgen Sie also für klare Absätze und nutzen Sie wenn möglich Zwischenüberschriften. Für den Werbetext ist die Kombination von Headlines und Textblöcken ein Muss. Im Prospekt texten Sie beispielsweise Headlines zu jedem Absatz. Der Grund: Headlines zeigen sehr schnell, worum es geht und strukturieren die Seite. Deshalb gehören Überschriften und Zwischenüberschriften auch in Ihren Fachartikel oder in Ihre Firmenbroschüre.

Stil

Drei Definitionen und ein Wort über Stilelemente

► Bevor wir an Worten und Sätzen feilen, räumen wir unser Arbeitsfeld auf. Dabei sind einige Unterscheidungen wichtig. Besonders interessant für Profis: die **»Leserlichkeit«** und die **»Verständlichkeit«** eines Textes.

Leserlichkeit zielt auf das äußere Erscheinungsbild, auf Schriften, Absatzstrukturen, Papier usw. Wesentliche Aspekte der Leserlichkeit haben wir bereits im vorhergehenden Kapitel besprochen. Doch für einen guten Stil ganz wichtig: die Verständlichkeit des Textes.

Sie lesen gerade diesen Text. Und wenn ich meine Sache gut gemacht habe, verstehen Sie ihn auch. Das Verstehen von Texten hat zwei Seiten: »Textverständnis« und »Textverständlichkeit«.

Textverständnis stellt vor allem den Leser und seine Fähigkeiten in den Mittelpunkt, während sich Textverständlichkeit vor allem auf den Text und seine Merkmale konzentriert.

//Hier ist der Leser gefordert

Das Thema **Textverständnis** umfasst alle Fragen zu unserer Zielgruppe. Grob gesagt: Wie beeinflusst Vorwissen, Motivation, Einstellung der Leser das Verstehen eines Textes. Hier geht es um die Anpassung des Lesers an den Text. Das verlangen Lehrtexte, wissenschaftliche Texte, Bedienungsanleitungen, oft die Literatur. Der Leser müht sich, schlägt unbekannte Fachbegriffe im Lexikon nach. Hier konzentriert sich der Leser. Will verstehen. Für Werbetexte, für journalistisches Schreiben undenkbar!

//Hier ist der Schreiber gefordert

Textverständlichkeit dagegen dreht sich um auszählbare Textmerkmale. Wie lässt sich durch Unterschiede im Text selbst das Verstehen vereinfachen oder erschweren. So sind Briefe des Finanzamts schwerer zu verstehen als der Werbebrief, der Ihnen ein komplexes PC-Programm zur Einkommensteuer präsentiert. Warum? Man hinterfragt Texte auf Floskeln, Wort- und Satzlängen. Und damit begeben wir uns in die Werkstatt für guten Stil.

Mit der Wortbühne und dem Satz-Baukasten unserer Sprache haben wir uns im vorhergehenden Kapitel bereits beschäftigt. Jetzt geht es um die Verfeinerung der Sprache. Um leidenschaftliches, spannendes und aktivierendes Schreiben. Wir überlegen: Wie kann ich emotionaler schreiben? Wir reden über Superlative und Steigerungen. Wir fragen nach dem richtigen Ton. Wir jagen gemeinsam Floskeln und Anglizismen. Wir überlegen gemeinsam, wie Ihr Text mehr Kraft bekommt. Stilelemente werden hier als Bauelemente verstanden, die Ihnen helfen, mit Ihrem Text weiterzukommen.

Los geht‘s ...

Die Themen dieses Kapitels:

b@w Mehr Emotion

//Was Sie in diesem Kapitel lernen:

Was tun, wenn ein Text auf der Sachebene gelingt, das Geschriebene aber trotzdem trocken und langweilig klingt? Dann braucht Ihr Text wahrscheinlich »frischen Wind« auf der emotionalen Ebene. Das folgende Kapitel zeigt Ihnen einige Kniffe, um Ihre Texte lebendiger zu machen.

► »Das muss noch emotionaler werden«, sagt Ihr Chef, der Ihre Produktbeschreibung gelesen hat. Zwar haben Sie Ihre Pressemeldung bewusst sehr sachlich gehalten, doch jetzt geht's um Werbung. Und die muss nicht nur anders »klingen«, sondern sollte besonders bei Genussprodukten, noch mehr bei Spendenwerbung »ans Herz gehen«. Hier sind einfache handwerkliche »Kniffe«, um jeden Text mit mehr Emotion zu versehen. Probieren Sie's einfach aus:

Tipp Nr. 1: Sprechen Sie Ihre Leser direkt an!
Im Journalismus und Pressetext unmöglich, doch werbliche Texte klingen sofort persönlich, wenn Sie Ihren Leser direkt ansprechen. *Sie, Ihr, Ihnen ...*

Tipp Nr. 2: Streichen Sie Nebensätze!
Eine alte Werbetexter-Regel. Die Emotion steckt im Hauptsatz, in Nebensätzen wird oft gefolgert, begründet, erklärt. Verzichten Sie also auf lange und zu viele Nebensätze und arbeiten Sie eher in einer Hauptsatzstruktur. Was nun nicht heißen soll, dass es keine hochemotionalen Nebensätze gibt. Dieser Tipp ist nur eines von vielen möglichen Werkzeugen.

Tipp Nr. 3: Einschübe schaffen mehr Emotion!
Emotionale Einschübe vermitteln ganz einfach mehr Gefühl. Zwischen zwei Gedankenstrichen trennen Sie – ganz nebenbei gesagt – klar

Emotion von Sach-Information. Und – Hand aufs Herz – wer wünscht sich nicht einfache und klare Wege, um normale Sätze mit Gefühlen aufzuladen.

Tipp Nr. 4: Nutzen Sie emotionale »Füllsel«!
Emotionale und positive Füllwörter sind der »Puderzucker«, den man zur Endkorrektur über den »Text-Kuchen« streut. *»Gerne, ja, einfach, selbstverständlich, herzlich, für Sie, Gefühl ...«* sind uneingeschränkt positive Begriffe, die »ans Herz gehen«.

Tipp Nr. 5: Sie nutzen Ihr Synonym-Wörterbuch
Synonyme sind sinnverwandte Begriffe. Die liefert Ihnen Ihr Thesaurus, das gedruckte Synonym-Wörterbuch oder das Wortschatzlexikon der Uni Leipzig im Internet (vgl. Kapitel Werkzeuge). Synonym-Wörterbücher sind unentbehrlich für treffenden und lebendigen Schreibstil. Denn mit diesem Lexikon ersetzen Sie nun allgemeine Begriffe durch bildhafte. So liefert Ihr Synonym-Lexikon als Alternativen für das kleine Wort gehen: *»Schlendern, spazieren, stolzieren, laufen, hüpfen ...«*

Tipp Nr. 6: Wörter des »Sich-selbst-Fühlens«
Wer in Katalogen blättert, entdeckt in den Produkttexten rund um Wäsche und Textilien eine weitere Wortgruppe, die hervorragend geeignet ist, Emotionen zu transportieren: Alle Begriffe, die uns fühlen lassen. Überlegen Sie einmal: Wie viele Adjektive gibt es, die Fühltypen ansprechen? Da ist ein Pullover *»wohlig, weich, seidenweich, eiskalt, schmiegt sich an, kratzt«.* Jedes dieser Wörter löst eine Rückkoppelung aus, und wir fühlen es auf unserer eigenen Haut.

Tipp Nr. 7: Stakkato-Sätze und Aufzählungen ...
Eigentlich sind Stakkato-Sätze ein Stilmittel, das mehr Tempo in Ihre Texte bringt. Sie reihen kurze Sätze oder Teilsätze aneinander – und schon wird Ihr Text kurzatmig: *»Das Lifestyle Magazin X. Neu, extravagant, einfach unglaublich. Sie müssen es haben! Jetzt! An Ihrem Kiosk!«*

Mit den richtigen Worten sorgen Stakkato-Sätze und Aufzählungen für »viel Gefühl«. Weich, warm und einfach gemütlich plätschert Ihr Text und verzaubert seine Leser. An langen Abenden, bei Sonnenuntergängen, und, und, und ...

//Zusammenfassung

Mehr Emotion! Manchmal ist sie gefordert. Künftig zaubern Sie sieben Möglichkeiten aus Ihrer Trickkiste und probieren, welcher Weg Ihnen hilft, Ihrem speziellen Text »mehr Gefühl« zu verleihen. Übrigens ist mehr Emotion nicht nur eine Anforderung an gelungene Liebesbriefe, sondern auch eine Möglichkeit, trockene Produkttexte interessanter zu machen. Hier sind noch einmal alle Tipps in einer Übersicht:

Tipp Nr. 1: Sie sprechen Ihre Leser direkt an.
Tipp Nr. 2: Sie streichen Nebensätze.
Tipp Nr. 3: Sie schaffen mehr Emotion durch Einschübe.
Tipp Nr. 4: Sie nutzen emotionale »Füllsel«.
Tipp Nr. 5: Sie setzen Ihr Synonym-Wörterbuch ein.
Tipp Nr. 6: Sie verwenden Wörter des »Sich-selbst-Fühlens«.
Tipp Nr. 7: Sie schreiben Stakkato-Sätze und nutzen Aufzählungen.

Tonalität: Treffen Sie den richtigen Ton

//Was Sie in diesem Kapitel lernen:

Fremdenzimmer oder Gästezimmer? Kunde oder Antragsteller? Schreiben Sie »Sofort anrufen!« oder »Einfach anrufen! Wir freuen uns auf das erste Gespräch«. Der Ton macht die Musik, das gilt nicht nur in der Liebe, sondern auch im Verkauf. Die nächsten Seiten zeigen, wie Sie sehr einfach an der Tonalität Ihrer Texte arbeiten.

► Wörter benennen die Welt und begrenzen sie. Was sprachlich nicht formuliert werden kann, kann auch nicht in die Welt – oder nur mit Mühe, wenn präziser Ausdruck und die richtige Stimmung fehlen. Überfällt Sie ein Verkäufer mit Fachchinesisch, wird er wohl auf seinem Produkt sitzen bleiben. Und genau dasselbe wird passieren, falls er unfreundlich mit Ihnen redet.

Wer wirbt – egal, ob um die Hand der Geliebten oder um den Kunden – ist nun in einer besonderen Lage: Er muss verstanden werden. Hier geht es darum, die »richtigen« Begriffe zu finden. Für Werbetexter heißt das: sich »einzulesen«, ein Zielgruppen-Vokabular zu erfassen, ein Gefühl für den richtigen Ton zu entwickeln. Profis sprechen hier von Tonalitäten oder dem *Tone of voice*. Denn ein Satz kann – bei selber inhaltlicher Aussage – in vielen Formen wiedergegeben werden. Denken Sie nur einmal an die Erscheinungsformen ein und derselben Nachricht in unterschiedlichen Printmedien.

Dieses Bett wird Sie sanft in Morpheus Arme entführen.
Oder:
In der Kiste kannst´ ganz toll pennen.

Kardinal Josef Ratzinger zum Papst gewählt.
Oder:
Wir sind Papst!

Wer viele Begriffe zur Verfügung hat, kann aus einer größeren Bandbreite von Begriffen auswählen. Und das zeichnet viele Dichter aus: So soll Hölderlins literarischer Wortschatz bei 7.500 Wörtern gelegen haben, Theodor Storm standen etwa 22.500 oder Goethe gar über 24.000 Wörter aktiver Wortschatz zur Verfügung.

Und der heutige erwachsene Mensch? Viele Erwachsene haben, so formulierte das Magazin Geo in seinem Heft 6/97, in unserer Zeit immerhin 8.000 bis 16.000 Begriffe beim Formulieren zur Verfügung. Für den Schreiber wichtig: Findet er treffende Begriffe für seine Leser? Trifft er den richtigen Ton? Das folgende Beispiel zeigt Ihnen, wie einfach man sich in unterschiedlichen Tonalitäten bewegen kann:

b@w Man nehme einen Satz, z. B. *»Das Kind sitzt auf dem Baum.«* und überlege:

01. Wie ersetzt oder umschreibt man die Substantive, um sie mit Stimmung aufzuladen?

Kind: *der Knirps von nebenan / der Schreihals*
Baum: *Tanne / zwischen den roten Blättern des Apfelbaums / im Geäst*

02. Welches Verb wählen Sie?

Jetzt hilft ein Synonym-Wörterbuch oder der Thesaurus Ihres Textprogramms ...
Sitzen: *Sitzt mit baumelnden Beinen / kauert / hockt ...*

03. Welche Adjektive setzen Sie ein?

Werden es zu viele Adjektive, überladen Sie Ihren Text. Trotzdem: Adjektive grenzen ab, verleihen zusätzliche Farbe.

Kind: Das *lachende* / *weinende* Kind / der *kleine* Schreihals
Sitzen: Sitzt *lachend* / *weinend* / *ängstlich*
Baum: *Verkrüppelte* Tanne / *alter* / *toter* Apfelbaum

Das weinende Kind kauert in den toten Ästen des Apfelbaums.
Der Knirps von nebenan sitzt lachend im Geäst unserer alten Birke.

Zugegeben: Hier wird's poetisch, und nun ist weitere Feinarbeit nötig. Doch fragen Sie sich einfach beim Schreiben der Substantive und Verben in Ihrem Text: Wie sage ich – je nach anvisiertem Ziel – ein Wort freundlicher? Aggressiver? Erotischer?

Superlative und Steigerungen in der Werbung

//Was Sie in diesem Kapitel lernen

»Das beste Produkt, die längste Praline, das wundervollste Menü.« Superlative im Werbetext sind »mit Vorsicht zu genießen«. Schon Otto von Bismarck wusste: »Jeder Superlativ reizt zum Widerspruch« – und strich seinen Mitarbeitern konsequent alle Superlative. Und doch wollen wir durch Bestleistungen überzeugen und diese auch sprachlich formulieren. Was Sie über den Superlativ wissen sollten und welche Wege es gibt, Worte zu verstärken, zeigt dieses Kapitel.

Aus dem »Wahrig Fremdwörterlexikon«

Sulperllaltiv <m.; -s, -e [-v_]>

1 <Gramm.> Stufe der Komparation, die angibt, dass eine Eigenschaft einer Sache in größtem Maße zukommt, zweite Steigerungsstufe, Meiststufe;

2 <allg.> übertriebener Ausdruck, übermäßiges Lob; in (lauter) Superlativen reden; eine Ware in Superlativen anpreisen [<lat. superlativus »darüber hinausgetragen«, <super »oben, auf, (darüber) hinaus« + latus, Part. Perf. zu ferre »tragen«]

► Ganz allgemein: Der Superlativ ist die schlechteste Art, im Werbetext etwas Gutes zu sagen. Hier gilt ganz besonders für die Konkurrenz: »Jeder Superlativ reizt zum Widerspruch.« Denn die Tatsache, dass Ihr Produkt als das schnellste, schönste, beste auf dem Papier steht, beweist noch lange nicht, dass es tatsächlich so ist. Allgemeine Superlative machen Ihr Angebot also eher unglaubwürdig. Was uns zu einer entscheidenden Frage führt und Sie gleichzeitig auf ein juristisches Problem hinweist.

//Können Sie einen Superlativ beweisen?

Manchmal lässt sich ein Superlativ belegen: Durch eine festgeschriebene Tradition, einen Testbericht. Dann untermauern Sie Ihren Superlativ und bieten Sie Ihrem Leser den Beweis, den er benötigt, um Ihnen Glauben zu schenken:

Trinkgut. Seit 1632 verbrieft: Deutschlands älteste Brauerei startet Marketing-Offensive.

Stiftung Warentest (Logo mit Heftangabe): Deutschlands schnellste Kettensäge gibt's jetzt bei Sägschnell.

//Der subjektive Standpunkt

Und was, wenn man's nicht beweisen kann? Eine weitere Möglichkeit, Superlative mit hinreichender Glaubwürdigkeit zu versehen, sind persönliche Aussagen. Gefährlich und juristisch angreifbar wäre eine allgemeine Aussage wie: *»Der neue BMW 3000 ist das schönste Auto der Welt.«* Akzeptabel: *»Für Tester Müller ist der neue BMW 3000 einfach das schönste Auto der Welt.«* Am besten gekoppelt mit einem Statement des tatsächlich existierenden Testers.

//Einschränkende Superlative

Warum wohl erscheint *»die längste Praline der Welt«* nicht mit diesen Worten in der Werbung? Ganz recht! Weniger Angriffsfläche bietet eine relativierende Aussage wie *»die wahrscheinlich längste Praline der Welt«, »der vielleicht schönste Platz, um Urlaub zu machen.«* Achten Sie stets darauf, dass Ihre Aussage auch juristisch bestehen kann. Doch eleganter als der Superlativ ist oft eines der folgenden Stilmittel:

//Die gängigen »Verstärkungswörter«

»Das unbedingt total absolut beste Buch über das Schreiben ...« zeigt eine Zusammenballung gängiger Verstärkungswörter. Sie sind durch häufigen Gebrauch bereits abgegriffen. Und sie wirken gänzlich flach, reiht man sie einfach aneinander, um einem Text möglichst viel Nachdruck zu verleihen. Hier gilt: Setzen Sie solche Verstärkungswörter sparsam ein und kennzeichnen Sie beim Redigieren eines Rohtextes auch *»ganz, sehr, durchaus, unbedingt, absolut, völlig, voll und ganz, total«*. Reduzieren Sie und überdenken Sie diese Begriffe. Denn *»einfach«* ist oft stärker als *»ganz einfach«*.

//Verstärkung trendy

»Mega-Angebot«, »hypersensible, wahnsinnig geile Erlebnisse«: Wer Trendwörter benutzt, braucht Zielgruppen, die diese Wörter verstehen. Deshalb ist auch hier grundsätzlich Vorsicht angebracht. Es gelten die obigen Aussagen zu den gängigen Verstärkungswörtern. Allerdings zeigt uns »Mega-Angebot« eine weitere Steigerungstechnik:

//Das superlativische Vorsatz-Wort ...

... steht für eine einfache stilistische Möglichkeit, Ihr Produkt oder Angebot zu verstärken. Mit einem Vorsatz-Wort, das bereits eine Steigerung einschließt. Als *»Mega-Angebot, Top-Produkt, Bestleistung oder Spitzenservice«*.

//Wortwiederholung

Stilmittel über Stilmittel gibt es, um Ihren Aussagen Nachdruck zu verleihen. Besonders schön: die Wortwiederholung. Man denkt und denkt, bis der Groschen fällt, und dabei nutzte schon in den Sechzigern eine der populärsten Headlines diese einfache Wiederholung: *»Er läuft und läuft und läuft ...«*

Ähnliche Wirkung erzielt auch die Kombination sinnverwandter Begriffe. Ein einfaches Synonym-Lexikon sorgt so für Kraftpakete der Sprache: ein *»weites, ungepflügtes Feld«*, der *»raffinierte, gerissene Kerl«*, die *»singenden, klingenden Glückwünsche«*.

//Mehr bildhafte Wörter

Mehr Kraft erhält Ihre Sprache auch durch mehr Bilder. *»Federleicht«* steht für *»sehr leicht«*, die Kluft zwischen *»steinreichen«* und

»bettelarmen« Menschen wächst. Solch vergleichende Wortverbindungen packen große Bilder in kleine Eigenschaftswörter. Doch nicht nur Adjektive werden stärker durch starke Bilder. Auch mit Substantiven kann man – kommen die richtigen *»Teufelskerle«* zusammen – eine *»Mordsgaudi«* haben, die in eine *»Himmelangst«* umschlagen kann.

//Richtig steigern

Ganz am Rand: Gerade bei zusammengesetzten Begriffen wie *»weit gereist, viel genannt, viel gelesen«* steigert man den ersten Teil. Also das *»meist gelesene«* Buch des Jahres nicht das *»viel gelesenste«* Buch. Allerdings hilft manchmal einfach nur die Umschreibung: Der *»weitest gereiste«* Mann des Dorfes klingt, obwohl korrekt gesteigert, fast ebenso unsinnig wie der *»weit gereisteste«* Mann. Besser ist hier: *»Kein Mann im Dorf ist so weit gereist, wie ... «*

//Wählen Sie das treffende Wort

Manchmal genügt auch ein Blick ins Synonym-Wörterbuch: Starker Wind = Sturm, eine nicht unerhebliche Wärmeentwicklung = Hitze, und ein großer Hund kann von Schäferhund bis Dogge alles Mögliche sein. Ohne langes Herumreden setzen Sie »große« Bilder durch das richtige Wort und sparen sich den Aufbau eines kleinen Bildes durch Superlative.

//Zusammenfassung

Mit Superlativen sollten Sie vorsichtig sein. Wenn nicht mit Brief, Siegel oder Stiftung Warentest beweisbar, fordern sie stets Widerspruch heraus. Viel wirkungsvoller ist, wenn Sie eine der folgenden Techniken einsetzen, um zu zeigen: Ihr Angebot ist einfach unschlagbar:

01. Der Superlativ wird als subjektive Meinung formuliert.
02. Sie relativieren durch einschränkende Floskeln, wohl oder viel leicht.
03. Sie nutzen verstärkende Wörter mit der gebotenen Vorsicht: Ihr Service wird zum Spitzenservice, Sie bieten Top-Preise oder einzigartige Angebote.
04. Sie verstärken die Bilder im Kopf des Lesers durch vergleichende Wortverbindungen: Steinreich, schmuseweich, moosgrün oder, indem Sie Ihren Gegenstand in starke Bilder packen: Das Buch als Experte für ...
05. Sie wählen das korrekte Wort: Starker Wind = Sturm, großes Boot = Viermaster, Oceanliner ...

b@w Wortgeklingel – über Floskeln und Füllwörter

//Was Sie in diesem Kapitel lernen

Goethe bringt es auf den Punkt: »Getretner Quark wird breit, nicht stark!«, findet sich im »West-östlichen Diwan«. Und ist – wenn auch um die Ecke gedacht – eine der schönsten Regeln für gutes Schreiben. Breit wird ein Text, wenn der Schreiber in umständliche und formelhafte Sprache versinkt, wenn der Hauptwortstil zuschlägt oder wenn das geschriebene Wort allzu nah an die gesprochene Sprache angenähert wird. Aber sortieren wir zuerst ...

In »Wahrigs Deutschem Wörterbuch« liest man Folgendes:
Flos|kel <f. 21> leere Redensart, Formel (z. B. Höflichkeitsfloskel)
[<lat. flosculus »Blümchen, Zierde«]

Füll|wort <n. 12u> Flickwort

► Nun sind Floskeln oder Füllwörter nicht dasselbe und nicht immer etwas Schlechtes. Denn manchmal nehmen sie harten Fakten die Schärfe, helfen mit, für den schriftlichen Gesprächspartner den richtigen Ton zu finden. Es gibt also – vergleiche obige Definition – »Flicken«, die wir lieben, und »Blümchen«, die unserem Text gut stehen. Übrigens lohnt sich ein Blick auf Floskeln und Füllwörter, will man seinem Text mehr Emotion verleihen. Wie, das lesen Sie im nächsten Textabschnitt.

//Füllwörter

Ich denke mal, das müssen wir anders anpacken.
Wie viele Stunden haben wir denn eigentlich Zeit?
Das haben Sie doch wohl einfach vergessen?
Es ist nun mal so, wie es ist.
Da haben wir ja nun Zeit bis morgen.
Du bist doch nicht etwa krank?

»*Na, denn, ja, so, doch, nun*«: In der Sprachwissenschaft spricht man hier von Modal- und Abtönungspartikeln. Und so werden sie eingesetzt: um Aussagen »abzutönen«, um Sätzen die Spitze zu nehmen oder eine ironische Spitze einzufügen. Um Freundlichkeit, Höflichkeit, Ungeduld einfach mitzugeben. Wohl dosiert durchaus sinnvoll und eine wichtige Möglichkeit, zusätzliche Emotion zu schaffen. In Ihrem Redigiersystem eine Maßnahme der Endkorrektur!

//Floskeln

Nicht jedes »Blümchen« ziert Ihren Text. Deshalb habe ich ein kleines Sammelsurium ungeliebter Floskeln für Sie angehängt. Überlegen Sie selbst einmal: Wie geht's kürzer, klarer, moderner?

Doppelte Verneinung

Gut gemeint und schlecht geschrieben: Das gilt für

... die nicht unerhebliche Wärmeentwicklung ...

... oder wenn etwas nicht unklar oder nicht unumstritten ist ...

Umständlicher Korrespondenzstil

Wörter und Formulierungen, die nie gesprochen werden. Zu umständlich. Deshalb nennt man sie auch Papierwörter, denn nur auf Papier existieren sie:

- *unter Zuhilfenahme*
- *diesbezüglich*
- *nichtsdestotrotz*
- *beinhalten*
- *als Erstunterzeichner teile ich Ihnen mit*
- *in Abrede stellen*
- *wir stellen Ihnen anheim*

»Dickhäuter«

Einfach schwerfällig wirkt Ihr Text, tauchen zu viele der folgenden Wörter auf:

- *zudem*
- *hierfür*
- *hiernach*
- *hierzu*
- *hierbei*
- *nunmehr*
- *lediglich*

Bereiche, Felder und Gegebenheiten ...

füllen Ihre Sätze – mit Luft. Eine Unsitte, die mit wenig Inhalt viel Wortsalat produziert: Da tummelt man sich *»im sprachlichen, im schulischen«* oder *»im universitären Bereich«*, besetzt *»inhaltliche und thematische Felder«* und berücksichtigt alle *»örtlichen und räumlichen Gegebenheiten«*.

Doppelungen: Tautologien und Pleonasmen

... die gemachten Erfahrungen zeigen
... der telefonische Anruf
... der weiße Schimmel
... nie und nimmer

Um beide Arten der Wiederholung auseinander zu halten:

- Tautologie = doppelte Ausdrucksweise, z. B. nie und nimmer, immer und ewig.
- Pleonasmus = Häufung sinngleicher Ausdrücke, z. B. der weiße Schimmel.

//Blümchen, die Ihrem Text gut stehen ...

Wenn wir unsere Liebe *»für immer und ewig«* erklären oder uns *»voll und ganz«* engagieren – je nach Kontext und Tonalität dürfen Tautologien durchaus in Ihren Texten auftauchen:

»Nicht unklar«, *»nicht unschön«* kann man nutzen, um einer Aussage Ironie und Hintersinn mitzugeben. Wie bei den Füllwörtern geht es hier um die richtige Dosierung. Und wenn Ihre Zielgruppe ältere Menschen sind, die noch »Korrespondenzstil« gelernt haben, kann die eine oder andere Floskel auch eingesetzt werden, um einen vertrauten Stil zu treffen.

Übrigens ist die Liste noch lange nicht zu Ende. Deshalb bleiben Sie wachsam Ihrer eigenen Schreibweise gegenüber. Hier sind einige Auflösungen:

nicht unerhebliche Wärmeentwicklung	= Hitze
nicht unklar / nicht unumstritten	= klar / umstritten
unter Zuhilfenahme	= mit
diesbezüglich	= (streichen)
nichtsdestotrotz	= trotzdem
beinhalten	= (konkreteres Wort in aktiver Formulierung)
die Dose beinhaltet Kekse	= Kekse liegen / stapeln sich
als Erstunterzeichner teile ich Ihnen mit	= ich schreibe Ihnen
in Abrede stellen	= bestreiten
wir stellen Ihnen anheim	= vorschlagen / anbieten
zudem	= außerdem / gleichzeitig
nunmehr	= jetzt, nun (streichen)
lediglich	= nur

Anglizismen

//Was Sie in diesem Kapitel lernen

Aus dem Computerladen wird ein PC-Shop, der Friseur nennt sich seit neuestem Hair-Stylist, und der schnelle Kaffee im Stehen wird zum coffee to go. So schleicht sich die englische Sprache in unser Alltagsleben. Besonders in der Werbung. Doch verstehen Verbraucher noch, was der Werber meint? Schon der französische Schriftsteller und Philosoph Voltaire lehrte: »Verwende nie ein neues Wort, sofern es nicht drei Eigenschaften besitzt: Es muss notwendig, es muss verständlich, es muss wohlklingend sein.« Wie halten Sie es in Ihren Texten? Das folgende Kapitel gibt Hinweise.

BERTELSMANN: »Wörterbuch der deutschen Sprache«
An|gli|zis|mus [m. —zis|men] in eine andere Sprache *übernommene englische Spracheigentümlichkeit*, z. B. »einmal mehr« aus »once more« (eigtl. »noch einmal«)

//Besonders anfällig: Mode, Technik, Trendsport

► Besonders in Slogans oder in Produktnamen kommt das Englische häufig vor. Mode- und Kosmetikartikel, Veranstaltungen und Genussmittel werden besonders gern in Anglizismen gepackt. Gerade neue Produkte heißen dann *»Snowboard«, »Walkman«, »Carport« oder »DVD-Player«*. Einerseits, weil das Deutsche kein passendes Wort kennt, andererseits lässt sich – meinen viele Unternehmen – mit dem Englischen der innovative Charakter oder ein »globaler Anspruch« am besten ausdrücken. Dem ist grundsätzlich nichts entgegenzusetzen. Voraussetzung: Der Kunde muss die Werbebotschaft verstehen.

Drei Faustregeln:

01. Verwenden Sie ein englisches Wort, wenn es im Deutschen keinen passenden Ersatz gibt.
02. Nutzen Sie ein englisches Wort, wenn ihr Produkt global gedacht und vermarktet wird.
03. Setzen Sie nur auf ein englisches Wort, wenn Sie sicher sind, Ihre Zielgruppe versteht dieses Wort oder kann es – bei Marken und Produktnamen – zumindest richtig aussprechen. (Eine harte Bewährungsprobe für ungeübte Zungen war z. B. die richtige Aussprache von »Woolworth«.)

Oft ist das Englische ausdrucksstärker und direkter. Der Versuch, ein englisches Wort mit Gewalt einzudeutschen, ist Unsinn. Dem Leser kommt das englische Wort dann bekannter vor als irgendein eingedeutschtes: *»Fit«* sagt mehr als *»in guter Kondition«*, *»fair«* mehr als *»anständig«*, der *»Workshop«* bezeichnet einen besonderen Seminartyp. *»Blackout«*, *»E-Mail«* oder *»Recycling«* übernehmen wir unübersetzt, weil wir keine treffende Entsprechung haben. Anglizismen bereichern also auch unsere Sprache.

//Aber Vorsicht!

Dennoch sollten Sie beim Gebrauch von Anglizismen behutsam sein. Wenn man Ihnen in der Hotellobby sagt, *»dass Sie nur am nächsten Counter quick checkouten können«*, *»dass man die Soft Drinks gleich von Ihrer Kreditkarte charged und Sie bitte noch voten sollten, ob Ihnen der neue Service gefällt oder nicht«* (geschehen in einem Frankfurter Hotel), wird Kommunikation ad absurdum geführt. Sie findet nicht mehr statt. Anglizismen verwirren: Der Sender sendet, ohne den Empfänger zu berücksichtigen.

Verzichten Sie also auf Werbesprüche, mit denen der Kunde nichts anfangen kann. Wer ein Produkt mit englischen Wörtern und Wendungen bewirbt, muss auf eine einfache und direkte Sprache achten. Vermeiden Sie also seltene Vokabeln. Das gilt genauso für Wortspiele, die nur Kenner der englischen Sprache richtig deuten. Der Großteil der Verbraucher kann damit nichts anfangen (*It´s raining cats and dogs, Drive Alive usw.*). Im Direktmarketing ist das besonders gefährlich, denn ein Text, der dem Leser unverständlich bleibt, wandert auf schnellstem Weg in den Papierkorb, wird überblättert oder weggeklickt. So kann kein Dialog zwischen Kunde und Unternehmen aufgebaut werden.

b@w //Viele englische Slogans werden missverstanden

Zu diesem Ergebnis kam Ende 2003 eine repräsentative Studie der Endmark AG. Und die sorgte für erhebliche Aufregung in den

Büros von Marketing und Unternehmenskommunikation: Untersucht wurden die Slogans weltweit tätiger Unternehmen auf ihre Verständlichkeit. Das Ergebnis erstaunte selbst die Kritiker von zu viel Englisch in der deutschen Sprache. Die meisten der untersuchten Slogans wurden von der Mehrheit der Verbraucher gar nicht oder zumindest nicht im Sinne des jeweiligen Absenders verstanden. Eine ausführliche Darstellung der Studie finden Sie im Internet-Worskshop.

//Jetzt wieder auf Deutsch

Im Jahr 2005 werben acht der zwölf an der Umfrage beteiligten Unternehmen wieder in deutscher Sprache. Bei McDonald's werden die Burger heute unter dem Motto »*Ich liebe es*« angepriesen. Douglas »*macht das Leben schöner*«, mit Esso »*Packen wir's an*«, »*Drive Alive*« wurde 2004 zu »*Heute. Morgen. Übermorgen.*«, der Audi TT präsentierte sich »*pur und faszinierend*«, und bei RWE gibt es »*alles aus einer Hand*«. (Nachzulesen auf www.endmark.de.)

Die Studie zeigt: Die Verwendung von Anglizismen erfordert viel Feingefühl. Denken Sie dabei an Ihre Zielgruppe! Nicht, dass diese am Ende nur noch »train station« versteht. Und – trotz aller globalen Denke: Wer im deutschen Sprachraum verkauft, muss zuerst von seinem deutschsprachigen Leser verstanden werden.

//Ein nützliches Werkzeug ...

... ist der Anglizismen-Index des Vereins Deutsche Sprache e.V. Unter www.vds-ev.de/denglisch/anglizismen/ finden Sie eine Liste mit über 6.000 Einträgen mal mehr, mal weniger gebräuchlicher Anglizismen und ihre deutsche Übersetzung. Gut zur Recherche und hervorragend geeignet für die Suche nach einem präzisen deutschen Wort.

Formen

//Hier geht's um das Wie und Was

Zwei Grundfragen sollte sich ein Profi-Schreiber immer wieder stellen. Zuerst: »Wie schreibe ich?« Antworten auf diese Frage liefern in diesem Buch die Kapitel Grundlagen, Stil und Handwerk. Hier geht es um die Sprache und den Umgang mit ihren Möglichkeiten.

Die zweite Grundfrage für Profis lautet »Was schreibe ich?« Denn auch formale Dinge wirken auf Ihren Text ein. So gibt es z. B. DIN-Normen für das Schreiben von Briefen, Leitfäden für Fachautoren, klare Anforderungen der Redaktionen an eintreffende Pressemeldungen und, und, und.

Schreiben Sie einen journalistischen Beitrag oder eine Pressemeldung, werden Sie sehr sachlich bleiben. Sie werden sich »dem Diktat« der Fakten beugen und werbende Elemente oder persönliche Meinungen für sich behalten. Dafür gibt es ja den Kommentar.

//Werbung ist emotional

Wer klassisch wirbt, will werten, emotionalisieren. Denn die Werbeziele der klassischen Werbung sind Image und Bekanntheit. Hier geht es darum, das Bild eines Unternehmens, einer Marke oder eines Produktes in der Öffentlichkeit zu setzen, zu ändern oder zu verstärken und die Bekanntheit zu erhöhen. Je mehr positive (oder auch negative) Gefühle ich als Werber auslöse, umso besser gelingt das. Zum Beispiel VW: *»Der neue Jetta. Wer ihn hat, will ihn zeigen.«* Oder IKEA: *»Wohnst du noch oder lebst du schon?«* Klassische

Werber spielen mit Sprache, nutzen neue Wortschöpfungen wie *»unkaputtbar«*, lassen Autos *»laufen und laufen und laufen«*.

Werber aus dem Direktmarketing haben ein anderes Ziel. Sie wollen Sofort-Reaktionen auslösen. Ihnen geht es um das Antwortfax oder den schnellen Anruf nach dem Lesen ihres Textes. Nach den schönen Worten muss es also gleich weitergehen. Die Texte werden zu Ersatzverkäufern, sind schriftliche Verkaufsgespräche. Mit allen Konsequenzen. Denn diese Texte müssen – wie der echte Verkäufer zum Abschluss führen. Sie umschmeicheln nicht nur ihre Leser, sondern treiben auch an der richtigen Stelle zum Abschluss. Gleich bestellen! Einfach noch heute per Fax an 999999 ...

Das folgende Kapitel zeigt – stellvertretend für viele »Text-Formen« einige Beispiele. Viel Spaß damit!

Die Themen dieses Kapitels:

Werbebriefe noch besser texten ...

Briefe sind Gespräche auf lange Distanz. Denn ein Brief ist eine schriftliche Rede, die an einen abwesenden Empfänger gerichtet wird. Während wir Privatbriefe mit viel Geduld verschlingen und die Gedanken des Schreibers mitentwickeln, geben wir Werbebriefen weit weniger Zeit. Sie müssen in ein bis zwei Sekunden wirken und Vorteile signalisieren. Tun Sie dies, beginnt der Lesevorgang. Und nun kommt es auf die Führung des Lesers zur Bestellung an. Wie's geht, zeigt Ihnen das folgende Kapitel.

//Briefe sind persönlich

► Vergleicht man Werbesendungen mit einem echten Verkaufsgespräch, ist der Brief die persönlichste Form der Kontaktaufnahme – und entspricht der »Kontaktstufe« echter Gespräche. Auch im Werbebrief ist Platz für Persönliches. Hier darf der schreibende Mensch präsent sein und formulieren *»Ich empfehle Ihnen ...«*. Überlegen Sie selbst: Klingen Ihre Werbebriefe wie reine Reklame für das Produkt oder wirken Sie wie eine persönliche Botschaft? Bleibt der Eindruck Produktpräsentation, verschenken Sie eine Chance.

Übrigens: Ein Werbebrief lebt noch immer von einer in vielen Jahren gelernten Vorstellung, was ein Brief eigentlich sei – eine persönliche Botschaft von einem Menschen an einen anderen Menschen. Dieses Signal »persönlich« wird jedoch nur gegeben, wenn Ihr Brief tatsächlich dem gelernten Erscheinungsbild eines Briefes (zumindest grob) entspricht.

//Alle Vorteile in zwei Sekunden ...

Etwa zehnmal hält das Auge bei der ersten Betrachtung eines A4-Briefes für ca. 2/10 Sekunden an. Verbrauchte Zeit: ca. zwei Sekunden. Das haben Blickmessungen mit der Augenkamera ergeben. Diese zwei Sekunden sind ein Maximum und werden selten erreicht. Vermitteln die Haltepunkte Vorteile, machen sie den Leser neugierig oder knüpfen sie zumindest an bekannte Dinge an? Jetzt fällt eine Entscheidung. Sagt der Leser »ja« zu den bislang entdeckten Inhalten – beginnt der Lesevorgang.

Die folgende Skizze zeigt einen typischen Blickverlauf beim Betrachten eines A4-Briefes. Entlang der Augenhaltepunkte sollten Ihre Vorteile platziert sein.

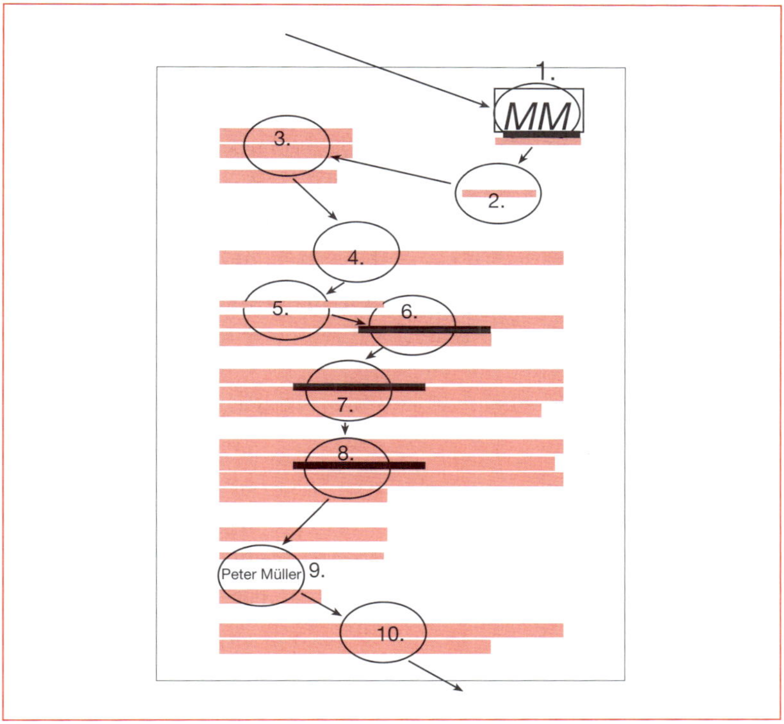

//Die einzelnen Augenhaltepunkte:

- Der Einstieg in den Brief ist die linke obere Ecke. Das Auge springt sofort zum stärksten Bild. Das ist in der Regel das Firmensignet (1.). Ist das Signet nicht vorhanden oder sehr schwach, ist das stärkste Bild bei personalisierten Briefen der Name (3.). Ist der Absender bekannt, liegt schon ein kleiner Vorteil vor.
- Vom Firmensignet kommend, hält das Auge auf dem Weg zum Namen noch einmal an. Wenn das Datum (2.), wie hier auffällig »im Weg« liegt.
- Die Headline (4.): Je nach Länge finden sich hier evtl. zwei und mehr Augenhaltepunkte.
- Die Anrede (5.): Hier steht nochmals der Name.
- Unser Brief hat drei Absätze. In jedem Absatz führt man durch Fett-

druck oder Unterstreichungen (6. bis 8.) den Blick des Betrachters zu den Vorteilen des Angebots.

- Die Unterschrift (9.): Achten Sie darauf, leserlich zu schreiben und setzen Sie nochmals Ihren Vor- und Zunamen zur Unterschrift. Eine Funktionsangabe wie »Produktionsleiter«, »Leiter Einkauf« sollte dem Leser immer ein klares Bild Ihrer Tätigkeit vermitteln.
- Das PS (10.): Möglicherweise wird hier schon gelesen. Ansonsten springt unser Auge nochmals ein oder zwei markante Wörter an und verlässt rechts unten den Brief. Ein PS ist heute ein Kann, kein Muss.

//Ein Brief muss wirken wie ein Brief ...

Besonders wichtig, ein Brief muss als solcher »erkannt« werden und selbstverständlich signalisieren: Ich bin schnell auszuwerten. Dabei helfen die folgenden Hinweise.

Geben Sie Ihrem Brief eine klare Struktur: Im Brief erwartet der Leser noch immer einen Briefkopf, das genaue Datum, eine persönliche Unterschrift und (nicht mehr unbedingt) ein PS.

Achten Sie auf die Länge Ihrer Absätze. Kurze Absätze von durchschnittlich drei, maximal sieben Zeilen signalisieren: Hier steht eine vollständige, leicht aufzunehmende Information. Der Lesevorgang beginnt oft dort, wo am wenigsten Aufwand gefordert ist.

Übrigens ist deshalb – falls Ihr Brief ein PS aufweist – oft das PS der erste gelesene Briefabsatz. Nutzen Sie es als Führungselement! Platzieren Sie hier eine kurze Zusammenfassung, fordern Sie nochmals zur Reaktion auf oder loben Sie einen Zusatzvorteil aus.

Halten Sie Ihren Briefkopf von unnötigen Angaben frei. Wichtig im Werbebrief ist nur, was der Leser versteht. Kürzel wie *»Ihr Zeichen / Unser Zeichen«* mit nutzlosen Buchstabenkombinationen wie *»sg / cb«* oder Hinweise wie *»Vorgangs-Nr. 3355A65«* verwirren und sind wenig brauchbare Informationen im Verkaufsgespräch. Viel zu groß ist das Risiko, dass diese Informationen kostbare Augenhaltepunkte von Ihrem Angebot abziehen.

//Der Einstieg in den Werbebrief

Der Brief ist die persönlichste Form der Kontaktaufnahme mit einer Zielperson. Dies spiegelt sich auch im ersten Absatz. Hier holen Sie Ihren Leser ab und führen ihn in den Text hinein. Zum Beispiel, indem der erste Absatz bereits die Idealsituation zeigt, die Ihr Leser durch Ihr Angebot erreichen kann. Oder indem Sie Ihren Leser mit den ersten Worten in einen besonderen Kreis rücken. Noch wirkungsvoller ist dieser Einstieg, wenn der Leser zwar im Text einem exklusiven Kreis zugerechnet wird, er jedoch noch nicht »dazu« gehört. Er sieht jetzt bereits das richtige Bild – und Sie beschreiben ihm, was er tun sollte, um es (durch Ihr Angebot) zu erreichen:

Beispiel:

Sehr geehrter ...

Sie gehören zu einem kleinen Kreis ganz besonderer Müller-Kunden. (...). Deshalb möchte ich Sie einladen: Werden Sie Mitglied im exklusiven Müller Platin Club ...

Oder Sie schreiben einen Texteinstieg, der sehr stark an den Verlauf eines Verkaufsgespräches angelehnt ist. Ihre Aufgabe ist es, dem Leser mit jedem Satz ein Ja, eine Zustimmung zu entlocken. Und ihn so Schritt für Schritt in den Brieftext hineinzuführen. Auch bei schwierigen Themen ...

Sehr geehrter ...

Kinder haben macht viel Spaß. Aber Sie machen einem auch oft Sorgen. Hoffentlich ist nichts passiert, haben Sie sicher schon das ein oder andere Mal gedacht ...

Machen Sie Ihre Sache gut, beginnt der Lesevorgang. Der Drang nach mehr Information ist geweckt. Und die liefert ...

//... der Mittelteil

Was jetzt kommt, sind die Vorteile für Ihren Leser. Packen Sie nicht zu viele Fakten in einen Absatz. Hier gilt: Weniger ist mehr. Ein Thema pro Absatz, ein Gedanke pro Satz. Zu viel verwirrt den Leser, der nicht über Ihre Vorinformationen verfügt.

Inhalte des Mittelteils in Ihrem Brief wären beispielsweise:

- Die Hauptvorteile Ihres neuen Produkts für die Zielperson,
- eine beispielhafte Lösung durch Ihr Produkt,
- eine knapp gehaltene Vorher-Nachher-Darstellung,
- eine persönliche Einführung durch eine Referenz.

Übrigens: Vorteile für den Leser sind der zentrale Punkt Ihres Briefes und müssen immer vermittelt werden.

//Der Ausstieg aus dem Brief

Wenn Sie Ihren Leser durch Ihre Werbebotschaft führen, heißt das: Halten Sie seine Hand bis zum Ausstieg bzw. bis zur Bestellung. Im Brief bedeutet dies: **Kein Werbebrief sollte Ihr Haus ohne Bestellaufforderung verlassen.** Doch es gibt noch weitere Alternativen für den Ausstieg:

- Geben Sie Ihren Lesern zum guten Schluss noch einmal Sicherheit durch Wiederholung des wichtigsten Verkaufsarguments.
- Machen Sie ein telefonisches Beratungsangebot.
- Weisen Sie auf die einfache Bestellung oder die unkomplizierte Lieferung hin.
- Erwähnen Sie den beiliegenden Prospekt, in dem alle Vorteile nochmals ausführlich dargestellt sind.

Einige Formulierungen:

Spitzentechnologie, faire Preise und kompetenter Service sind eben Ihre Pluspunkte bei (Firmenname). Den Beweis treten wir gerne an!

Herzliche Grüße aus (Firmensitz)
Ihr

Lassen Sie sich die vielen Vorteile des neuen (Produktname) nicht entgehen. Einfach den beiliegenden Antwortschein ausfüllen und direkt faxen an 000000. Schon in zwei Tagen erhalten Sie dann ... (Ihr per sönliches Exemplar).

Mit freundlichen Grüßen

//Jeder Brief ist ein Werbebrief

Nicht nur der Brief im Mailing ist ein Werbebrief. Jede Korrespondenz mit Kunden, Interessenten oder Lieferanten wirbt für Ihr Unternehmen. Bleiben Sie in allen Briefen freundlich, persönlich und zeigen Sie Ihrem Leser durch Textstruktur und Hervorhebungen, dass es sich lohnt, Ihre Post zu lesen. In diesem Sinne wünsche ich Ihnen viel Erfolg bei der Umsetzung des Gelesenen. Als Unterstützung finden Sie hier nochmals eine Checkliste »rund um den Brief«.

Noch mehr Informationen über den Werbebrief finden Sie auch in meinem Buch: Stark texten, mehr verkaufen. Wiesbaden: Gabler, 2. erweiterte Auflage, 2006.

Checkliste Brief:
Versetzen Sie sich selbst in die Rolle eines Lesers und prüfen Sie aus seiner Perspektive Ihre Korrespondenz.

- Fördern einfache Sprache, kurze Sätze und eine klare Briefstruktur das Verständnis?
- Wirkt Ihr Brief persönlich? Durch einen Briefstil, der ein Gespräch zwischen Schreiber und Leser abbildet und den Leser direkt anspricht?
- Sind die Vorteile Ihres Angebots leserbezogen dargestellt?
- Ist Ihr Briefformular übersichtlich oder irritiert es durch unnötige Zusatzangaben?

So schreiben Sie Ihre Pressemitteilung

Neben Ihrem Werbeauftritt ist die Pressearbeit ganz besonders wichtig, um Ihr Unternehmen im Gespräch zu halten. Doch was ist lesenswert? Bei einer Pressemitteilung gibt es für Sie immer zwei Zielgruppen: Zunächst die Redaktion, gleichzeitig aber auch die Leser der betreffenden Zeitung oder Zeitschrift. Wie Ihre Pressemeldung bei beiden Zielgruppen ankommt, verrät das folgende Kapitel.

//Form und Inhalt der Pressemeldung

► Ganz allgemein gilt: Wer Pressemeldungen schreibt, muss zwei Dinge beachten. Zum einen gibt es formelle Anforderungen, zum anderen folgt aber auch der Text der Mitteilung klaren Regeln. Und gleichzeitig laufen in Redaktionen heute zwei Typen von Meldungen auf. Da gibt es noch die gute alte Meldung per Post, doch die wird mehr und mehr ersetzt durch die Pressemitteilung per E-Mail.

Die Kopfzeile

Zunächst einmal sollten Ihre Ansprechpartner wissen, worum es sich bei Ihrem Schreiben handelt. Schreiben Sie deshalb in größerer

Schrift über Ihre Information:

Pressemitteilung

oder

Presse-Information

Die Headline oder Überschrift

Besondere Funktion hat Ihre Headline oder Überschrift. Sie sollte bereits etwas über den Inhalt der Pressemitteilung verraten und neugierig machen. So kann ein Redakteur bereits bei Durchsicht seiner Post beurteilen, ob Ihre Information für die Leser seiner Zeitschrift wichtig ist. Übrigens mit Sublines (untergeordnete Überschriften) geben Sie dem Einstieg ins Thema noch mehr »Biss«.

Einige Beispiele:

- *GmbH – Das neue Einkaufsparadies mit persönlicher Note gegründet*
- *Messeplatz Musterstadt: Ein Weg, der sich lohnt*
  - *Im Brennpunkt: Die Technologie-Messe CoTec*
  - *Das Trend-Schaufenster für das neue Jahrtausend*
- *Der Knopf im Ohr ersetzt das Telefon*

Notwendig: Kurzmeldung und Langtext

Selten hat ein Redakteur genügend Zeit, jede Mitteilung, die auf seinen Schreibtisch flattert, genau zu lesen und gründlich zu prüfen. Helfen Sie ihm also ein wenig und schreiben Sie zusätzlich eine schnelle »Meldung in Kurzform«. Vergessen Sie nicht die Zeichenzahl anzugeben, da Journalisten heute häufig in Redaktionssysteme hineinarbeiten und oft einfach »Füller« benötigen, kann es auch passieren, dass Ihre Meldung auf diesem Wege in die Zeitung rutscht. Weil der Inhalt zwar interessiert, aber vor allem die Zeichenzahl ausreicht, um einen »Leerraum« zu füllen.

Die Kurzmeldung ist Ihr erster Absatz, der Einstieg in den Text. Noch einen Vorteil bietet dieser schnelle Einstieg: Sie sind sofort mitten im Thema und liefern mit den nächsten Absätzen Ihre wesentlichen Fakten. Doch gerade, weil Ihr erster Absatz, der »Anschreiber«, alle wesentlichen Informationen in Kurzform enthält, ist besondere Sorgfalt angebracht.

Beim Schreiben des Einstiegs helfen ihnen die so genannten sieben »W-Fragen«. Sie liefern, abgestimmt auf den Inhalt Ihrer Information, ein Gerüst nicht nur für die Kurzmeldung, sondern für Ihre klare Pressemitteilung. Mindestens die ersten vier dieser sieben Kriterien müssen Sie beachten:

- Wer? (Verursacher, Handelnder)
- Was? (Ereignis, Neuigkeit)
- Wo? (Ort)
- Wann? (Zeit)
- Wie? (Ablauf, Art und Weise)
- Warum (Grund)
- Welche Quelle? (Quelle der Nachricht, wenn Sie in einer Pressemitteilung Informationen Dritter zitieren.)

Erweiterung / Zusatzfragen:

- Welche Folgen hat diese Information für die Betroffenen?
- Wie lange?
- Wen betrifft das?

Ein Beispiel: *Die PC-Welt wendet sich neuen Märkten zu. Zwei besonders innovative Produktbereiche werden vom 03. bis 05. Juni 2005 zu den Hauptanziehungspunkten der CoTec 2005 in Musterstadt gehören. Größte Aufmerksamkeit gilt den neuen Anwendungen für das Mobiltelefon. Der andere Bereich stellt die breite Funktionalität der Personal Computer im Westentaschenformat in den Mittelpunkt. Insgesamt sind laut Angaben des Veranstalters auf der kommenden CoTec weit über 1.000 Aussteller aus 30 Nationen vertreten.*

(Im Folgenden werden nun die beiden Bereiche beschrieben.)

//Formales

Eine gedruckte und per Post verschickte Pressemeldung folgt einem klaren Aufbau. Sie ist maximal zwei Seiten lang, einseitig beschrieben, mit ca. 60 Zeichen pro Zeile. Ein breiter Rand und ein zweizeiliger Zeilenabstand lassen genug Platz für Korrekturen und Anmerkungen.

Machen Sie Ihre Information schnell erfassbar. Zwischenüberschriften oder Marginalien, das sind kurze Zusammenfassungen einzelner Absätze am Rand, zeigen sofort, was Sie in jedem Abschnitt sagen.

//Liefern Sie Fakten

Liefern Sie der Redaktion und den Lesern aktuelle Informationen. Das kann einmal ein Beitrag zu Ihrem Unternehmen sein, ein anderes Mal eine Nachricht zu neuen Produkten und Dienstleistungen oder zu wichtigen personellen Veränderungen. Bieten Sie Fakten, kommen Sie schnell zur Sache und konzentrieren Sie sich auf die aktuellen Punkte Ihres Themas, nicht auf Ereignisse, die längst passiert sind. Vermeiden Sie Schachtelsätze und lange, weitschweifige Erklärungen. Bieten Sie Wissenswertes, am besten mit Namen, Zahlen und konkreten Daten belegt.

Auch in Ihrer Sprache halten Sie sich an das Faktische: Meiden Sie in der Pressemeldung Direktansprache und sonstige werbliche Techniken wie starke Aufforderungen. Stellen Sie das Ereignis in den Mittelpunkt und nicht die großartigen Erfolge Ihres Unternehmens. Journalisten haben eine feine Nase, ob es nun um eine interessante Meldung geht, oder ob ein Unternehmen versucht, sich »kostenlose« Werbung zu erschleichen.

Beim inhaltlichen Aufbau Ihrer Meldung helfen die klassischen sieben W-Fragen. In Ihrem Kurztext haben Sie die Meldung komprimiert. Jetzt haben Sie mehr Raum, Ihre Nachricht zu entwickeln. Dabei orientieren Sie sich einfach an der folgenden Struktur.

b@w //Schreiben Sie nach dem Pyramidenmodell

Eine einfache Regel hilft beim Verfassen Ihrer Pressemitteilung: das Wichtigste nach oben, Unwichtiges nach unten. So gleicht der Aufbau Ihrer Nachricht einer Pyramide.

- Das Ereignis / die Meldung wird in der Spitze nach den klassischen Ws abgehandelt.
- Die näheren Umstände und erläuternde Details folgen im Mittelteil der Pyramide. Die klassischen Ws werden jetzt hinterfragt und ergänzt (Wer genau? Was genau ist geschehen? ...).
- Hintergründe, Zusatzinformationen und ergänzende Statements von Zuschauern oder Betroffenen kommen ans Ende der Meldung. Der Grund: Pressemeldungen müssen schnell bearbeitbar sein. Folgt man dem klassischen Aufbau, kann eine Meldung einfach von unten nach oben gekürzt werden.

//Halten Sie Kontakt

Auch für den Ausstieg sollten Sie eine wichtige Grundregel beachten: Bleiben Sie im Gespräch mit der Redaktion. Bieten Sie weitere Presse-Informationen an, schreiben Sie unbedingt Ihre Kontaktdaten auf den Briefbogen, liefern Sie ein Antwortfax gleich mit, machen Sie den Begleitbrief zum Fax, um die Aktualität der Adresse abzufragen. Hier erhalten Sie oft Antwort, denn wenn sich in der Redaktion etwas verändert hat, hat Ihr neuer Ansprechpartner als Redakteur oft ein grundsätzliches Interesse, in Kontakt zu bleiben.

//Per Post oder per E-Mail?

In unserer digitalen Welt spricht alles für die Pressemeldung per E-Mail. Allerdings leidet der Redakteur unter demselben Problem wie Sie selbst. Ein voller E-Mail-Briefkasten, Spam und viele Menschen und Unternehmen, die in die Zeitung wollen. Trotzdem ist die Pressemeldung per E-Mail eine Form, die ein Redakteur sofort weiterverarbeiten kann.

Versuchen Sie auch hier, seine Aufmerksamkeit durch einen klaren E-Mail-Header zu gewinnen, ergänzen Sie durch zwei persönliche Zeilen und die Meldung in Kurz- / eventuell auch in Langform. Meiden Sie angehängte Dateien. Am allerbesten ergänzen Sie Ihre Pressemitteilung mit einem Link auf Ihre Website, im Idealfall in Ihren Pressebereich hinein. Hier findet der Redakteur die vollständige Meldung, Hintergrundmaterial, eventuell auch Fotos zum Download.

Der Link ist die idealste Form, weitere Daten zu präsentieren. Ist es doch gerade durch Virenangst und Firewalls in vielen Unternehmen bereits so, dass kein externer Datenträger mehr in Netz-PCs geladen werden darf.

Checkliste Pressemeldung:

- Sie haben zwei Zielgruppen: den Redakteur und den Leser. Ihre wichtigste Zielgruppe ist jedoch immer der Redakteur. Fragen Sie sich: Was bringt ihn dazu, Ihre Meldung abzudrucken?
- Ihr erster Absatz ist die Kurzmeldung. Enthält Sie die vollständige Nachricht und macht Sie Appetit auf mehr?
- Hat Ihre schriftliche Pressemeldung eine klare Struktur? Ist sie durch Zwischenüberschriften und / oder Marginalien gegliedert?
- Haben Sie zweizeiligen Abstand und einen breiten Rand vorgesehen? In Ihrer Meldung per E-Mail funktionierende Links gesetzt?

Beiträge in Fachzeitschriften

Wer Fachbeiträge für Zeitschriften verfasst, arbeitet nach einer ähnlichen Systematik wie der PR-Journalist. Übrigens freuen sich gerade bei Spezialthemen viele Redaktionen nach Absprache über fundierte Beiträge. Allerdings nur, wenn der Beitrag gut geschrieben ist und selbstverständlich keine Werbeaktion für das Unternehmen oder die Produkte des Einreichers darstellt. Hier sind einige Hilfestellungen für Ihren Fachbeitrag.

//Titel und Untertitel

► Titel und Untertitel spielen zusammen. Der Titel weckt Interesse, klingt oft – je nach Ausrichtung des Mediums – etwas spektakulärer. Der Untertitel erläutert, liefert Details, bezieht ein Thema auf den Leser:

Titel:	**Vertriebsblind**
Untertitel:	Verkaufsstarke Direktmarketer sind rar gesät – und Hände ringend gesucht

(Aus der Zeitschrift Direktmarketing)

In mancher Redaktion gibt es hierzu auch exakte Längenangaben. Z. B. die 40:80 Regel: Die Oberzeile hat max. 40 Zeichen, die Unterzeile ist maximal doppelt so lang. Einige wenige Redaktionen verlangen, beide Zeilen zu füllen (also tatsächlich 40 und 80 Zeichen), während in den meisten Häusern gilt, mindestens eine Zeile sollte so vollständig wie möglich gefüllt sein.

//Die Struktur

Ein Muss: der **Anschreiber** am Beginn Ihres Beitrags. Hier erfährt der Leser in Kurzform, was ihn erwartet. In der Regel werden solche Anschreiber sehr sachlich formuliert, allerdings gibt es auch zahlreiche Fachzeitschriften (z. B. im Marketing), wo man schon den Anschreiber reißerisch formuliert, um Neugier zu wecken. Mehr über diese Möglichkeiten, Anreißer zu formulieren, verrät Ihnen übrigens der Beitrag über das Texten von Teasern in diesem Buch.

Gerade in Fachbeiträgen setzen Sie **Zwischenüberschriften**, um Ihrem Leser eine schnelle Orientierung zu ermöglichen. Aus dem Bereich Loseblattwerke kommt ein weiterer Trend: Hier sorgen **Randbemerkungen oder Marginalien** für zusätzliche Orientierung und liefern den Lesern durch knappe Sätze kurze Zusammenfassungen der jeweiligen Absätze.

Auch **Info-Kästen** mit Zusatzinformationen und **Checklisten** helfen, Ihre Informationen besser zu strukturieren und leserfreundlich aufzubereiten.

//Inhaltlicher Aufbau

Bei der Formulierung des journalistischen Anschreibers und beim Aufbau Ihres Artikels helfen wiederum die **W-Fragen**, die Sie schon kennen:

- Wer? (Verursacher, Handelnder)
- Was? (Ereignis, Neuigkeit)
- Wo? (Ort)
- Wann? (Zeit)
- Wie? (Ablauf, Art und Weise)
- Warum? (Grund)
- Welche Quelle?

Erweiterung / Zusatzfragen:

- Welche Folgen hat diese Information für die Betroffenen?
- Wie lange?
- Wen betrifft das?

Orientieren Sie sich auch am Pyramidenmodell. Zwar wird Ihr Fachbeitrag nicht wie eine Pressemeldung von unten nach oben gekürzt. Trotzdem sollten Sie Ihren Leser zuerst motivieren weiterzulesen. Deshalb zeigen Sie im Fachbeitrag schon sehr früh, was eine Lektüre bietet. Auch hier gilt: Wichtiges nach vorn. Die nähere Erläuterung des Wichtigen und wie es dazu kam, kann später erfolgen.

//Direktansprache ja oder nein?

Für journalistische Texte gilt: Direktansprache des Lesers hat hier nichts zu suchen. Die Pronomen Sie, Ihr, Ihnen, aber auch Ich und Wir werden Sie in guten Tages- oder Wochenzeitungen nicht finden. Hier herrscht das »Diktat des Faktischen«: Die Fakten sprechen zunächst für sich und werden an dafür ausgewiesenen Stellen kommentiert und interpretiert.

Allerdings handhaben viele Fachzeitschriften dies etwas anders. Je nach Leserschaft ist es hier sogar oft gewünscht, den Leser im Text direkt anzusprechen. Hier dürfen Sie schreiben Sie, Ihr, Ihnen – übrigens auch in immer mehr Fachbüchern, wie Sie gerade selbst erleben.

//Für wen schreiben?

Große Publikumszeitschriften haben oft große Redaktionen, die Beiträge selbst verfassen oder bei freien Autoren einkaufen. Fachzeitschriften, die mit kleinem Redaktionsteam auskommen, sind oft dankbar für Unterstützung aus der Fachzielgruppe. Wenn Sie also über das Verfassen eines solchen Beitrags nachdenken, überlegen Sie, welche Zeitschrift Ihres Fachgebiets dafür in Frage käme, und stellen Sie Kontakt zur Redaktion her. Viele Fachredaktionen halten mittlerweile sogar kurze Autoren-Leitfäden bereit.

Der Liebesbrief

Auch der Liebesbrief ist eine werbliche Botschaft: Hier bewerben Sie jedoch ein ganz einzigartiges »Produkt«: Sich selbst! Auch der Empfänger ist etwas Besonderes – schließlich schreiben Sie an jemanden, den Sie lieben. Das macht die Situation für jeden Texter wie geschaffen. Denn viele Grundsätze der werblichen Kommunikation lassen sich auf den Liebesbrief übertragen. Nicht umsonst spricht man auch hier von »werben«. Sie haben – wie sonst nie – eine genaue Vorstellung, wer der Adressat ist, welche Interessen er hat und wie er »tickt«. Führen Sie also das vielleicht wichtigste Verkaufsgespräch Ihres Lebens – schließlich wollen Sie sich selbst an den Mann bzw. die Frau bringen. Dieser nicht ganz ernst zu nehmende Text hilft Ihnen augenzwinkernd dabei.

//Der erste Schritt: Die Zielgruppe oder »An wen schreiben Sie?«

► Bei jedem Werbetext gilt: Stellen Sie sich auf den Empfänger ein! Der Liebesbrief ist dafür das beste Beispiel. Also fragen Sie sich: Wer ist der Mensch, dem Sie gerade schreiben? Was mag er, was gefällt ihm nicht? Und: Was verbindet Sie? Welche gemeinsamen Erlebnisse machen diesen Menschen so wichtig für Sie? Kennen Sie sich schon lange, sind bereits seit Jahren ein Paar, oder ist der Brief Ihr Liebes-Geständnis und soll der Anfang einer Beziehung sein? All dies beeinflusst die Wahl der ...

//... Anrede

Haben Sie diese Fragen beantwortet, können Sie auch die Anrede richtig wählen. Wichtig hier: die so genannte Tonalität, Ihr Tonfall. Verschiedene Menschen wollen verschieden angesprochen werden, der Ton macht die Musik. Ihre Aufgabe ist dabei klar: Sie wollen Ihren Leser »mitnehmen«. Folgender kleiner Katalog hilft Ihnen dabei. Erst einmal geht es um die wichtige Frage: Welche Anrede passt wann?

Fall 1: Sie kennen den Adressaten erst kurz und wollen eine Beziehung beginnen.

Bei Briefen an jemanden, den Sie erst seit kurzem kennen, müssen Sie schon bei der Anrede einen Spagat leisten: Vertraut sollen die ersten Worte klingen, eine intime Situation schaffen – aber allzu aufdringlich dürfen sie auch nicht wirken, schließlich kennen Sie sich ja noch nicht lange.

Folgende Anreden können Ihren Brief schon in die falsche Richtung lenken, bevor er überhaupt begonnen hat:

Kosenamen, also: »*Hasi, Mausi, Bärli*« etc., wirken aufdringlich und gestellt. Der Grund: Geschriebenes und Gesprochenes passen nicht zusammen! Anders formuliert: Wenn Sie nicht schon ein paar Mal »*Bärli*« gesagt haben, wenn Sie sich privat treffen, bleibt es geschrieben ein Fremdwort. Denn die Schrift darf dem Wort nicht zu weit vorauseilen – ein häufiger Fehler, nicht nur im Liebesbrief.

Aber auch: »*Tanjalein, Timchen*« und ähnliche Verniedlichungen. Hier gilt Ähnliches wie für die Kosenamen. Bevor Sie es **schreiben**, müssen Sie es zumindest ein Mal schon **gesagt** haben.

Vorsicht bei besitzanzeigenden Pronomen wie »*Meine Sonja*« oder »*Mein Peter*«. Ein Fehler, den Sie vielleicht selbst kennen: Wie schnell fühlt man sich vereinnahmt. Man kennt den, der da schreibt, vielleicht noch gar nicht so gut! Trotzdem glaubt er, mich mit »Mein« anreden zu dürfen oder sogar zu wissen, wie ich denke. Das ähnelt ein wenig dem aufdringlichen Verkäufer, der Ihnen im Geschäft nicht von der Seite weicht und kaum Luft lässt, sich eine eigene Meinung zu bilden.

Weiteres Verbot: pseudo-dichterische Verkleidung des Namens, etwa: *»Mein Sturm im Wasserglas«* oder *»Mein Wind im Roggenfeld«*. Klingt nicht nur nach Werbung für Kaffee, sondern schmeckt auch nach kaltem.

//Folgende Anreden sind genau richtig

Einfach und perfekt: der NAME der / des Schwarmes. Auch hier wissen Sie als guter Texter Bescheid: Kein Wort nimmt der Mensch stärker wahr als seinen Namen. Der Eigenname wirkt wie ein Bild: Er wird nicht mehr gelesen, er wird regelrecht gesehen! Und wir müssen hinschauen.

Übrigens: Nutzen Sie dieses Phänomen auch am Ende Ihres Briefes! Unterschreiben Sie nicht mit unpassenden und künstlich wirkenden Konstruktionen wie *»Dein Mausezahn«* oder Ähnlichem – sagen Sie Ihren Namen, beenden Sie den Brief mit *»Dein Markus«*, *»Deine Lisa«* etc.! Der Effekt ist ähnlich wie beim Eigennamen: Je öfter Sie Ihren Namen in Ihren Brief einbauen, desto mehr »sieht« Sie Ihr Gegenüber, desto mehr »macht er sich ein Bild« von Ihnen!

Das richtige Grußwort bewegt sich ebenfalls auf dem schmalen Grad zwischen »zu vertraulich« und »zu kühl, zu förmlich«. Immer auf der sicheren Seite sind Sie mit *»Hallo«*. Warum? Weil Sie damit das Wort benutzen, dass Sie auch beim Reden einsetzen würden! Diese Grundregel gilt übrigens für den gesamten Brief. Wenn Sie der Frau / dem Mann Ihrer Träume auf der Straße begegnen, sagen Sie ja auch nicht *»Sehr verehrte Christiane«*.

Kennen Sie sich schon ein bisschen besser, beginnt Ihr Brief mit *»Lieber Tim«* oder *»Liebe Carola«*. Denn das »Liebe« schafft bereits ein Grundvertrauen und setzt das Gehirn Ihres Lesers auf die richtige Spur.

Fall 2: Ein Sonderfall: Sie stehen in einer sehr förmlichen, zum Beispiel geschäftsmäßigen Beziehung.

Hier ist der Sprung zur persönlichen Sprache eines Liebesbriefes natürlich noch größer. Doch dieses Risiko müssen Sie eingehen! Schließlich wollen Sie sich mit Ihrem Brief einem Menschen nähern – und gerade bei einer bisher sehr förmlichen Beziehung ist die Nähe, die ein *»Hallo Melanie«* oder ein *»Liebe Melanie«* vermittelt, sehr wirksam.

Und wenn Sie dennoch fürchten, mit einem »zu forschen« Einstieg zu verschrecken, behelfen Sie sich mit einer Doppel-Lösung: *»Sehr geehrter Kollege, lieber Ralf«*. Danach aber unbedingt im »Du« bleiben!

Fall 3: Sie schreiben einen Brief an jemanden, mit dem Sie bereits eine Beziehung haben.

Hier ist die Situation anders: Sie sind miteinander vertraut, haben eigene Insider-Witze, eigene kleine Anekdoten – eine eigene Sprache. Diese Quelle müssen Sie anzapfen! Zeigen Sie mit dem Brief die ganze Geschichte, die Sie als Paar zusammen erlebt haben.

Übrigens: Auch hier greifen wieder unsere Regeln für Werbetexter. In diesem Fall betreffen Sie die Auswertung von Informationen. Denn eine Information, die etwas Bekanntes enthält, ist uns willkommen. Wir fühlen uns sicher, wir können das Gelesene gleich einordnen. Wie in einer gut eingespielten Beziehung. Wenn sich zwei Menschen schon so lange kennen, haben sie auch eine gemeinsame Sprache. Diese Sprache sollten Sie in Ihrem Brief benutzen, auch wenn sie Ihnen peinlich vorkommen mag: *»Die ganze Kunst der Liebe beruht darauf, dass man ausspricht, was der Zauber des Augenblicks fordert«*, sagte schon Stendhal. Das heißt für Sie: Wenn Sie Kosenamen, kleine Geschichtlein, eigene Wörter haben, die Sie und nur Sie mit Ihrem Partner teilen – nichts wie rein damit in den Brief!

//Der Text: Deine Vorteile dabei ...

Nun geht es zum eigentlichen Text. Auch hier hilft ein Blick auf die Werbe-Welt: Dort spricht man von »leserbezogenen Vorteilen« – das klingt nicht gerade romantisch, hat aber auch im Liebesbrief seine Berechtigung. Worum geht es? Sie müssen den Adressaten davon überzeugen, was Sie – und nur Sie – ihm bieten können.

Anders formuliert: Schreiben Sie nicht nur, was Ihre Stärken sind – schreiben Sie, was Sie mit diesen Stärken alles für die Frau / den Mann Ihrer Träume tun würden.

Beispiel 1 – So nicht: Sie stellen sich im Brief ein bisschen genauer vor, schreiben, wer Sie sind und welche Hobbys Sie haben: *»Ich mache gern Sport, bin mindestens einmal pro Woche im Fitness-Studio«*. – Falsch! Aus dieser Information sollten Sie mehr machen. Verbinden Sie Ihr Hobby sofort mit dem Leben der Adressatin. Das sieht dann so aus:

Beispiel 2 – Schon besser: Lassen Sie die Frau wissen, dass Sie nicht nur für sich selbst Gewichte stemmen – sondern Ihre Kraft auch für eine Beziehung einsetzen würden. Etwa so: *»Weißt Du, ich bin nicht im Fitnessstudio, um irgendwo anzugeben. Ich will nur Dich in meine starken Arme nehmen, will, dass Du Dich bei mir sicher fühlst, weil Du weißt: Ich kann Dich beschützen.«* So zeigen Sie sich auch gleich als harter Kerl mit weichem Kern – das ist doch eine optimale Kombination! Wichtig ist, dass Sie so zwei Fliegen mit einer Klappe schlagen: Sie erzählen über sich, sagen, wer Sie sind – und beziehen Ihren Partner / Ihre Partnerin in spe von Beginn an mit ein!

Und dieser Übertrag funktioniert bei fast jedem Thema. Nehmen wir ein ganz anderes Beispiel: Sie sind eine Frau mit einem Fimmel für Möbel, Accessoires. Sie lieben alles, was mit Einrichtung zu tun hat. Dann machen Sie es doch so: *»Ich liebe es, Teppiche, Vasen und sonstige schöne Dinge zu kaufen und mir stundenlang zu überlegen, wo* *sie am besten aussehen. Aber weißt Du, was noch schöner wäre? Wenn ich ein Heim für uns zwei schaffen könnte, ein kleines Paradies, damit Du Dich immer freust, nach Hause zu kommen.«*

Hier ist natürlich etwas Vorsicht geboten: Geht der Brief an einen freiheitsliebenden Vagabunden, schreckt er vielleicht ab. Aber wenn Sie es mit jemandem zu tun haben, der sesshaft werden will – was können Sie Schöneres schreiben! Deshalb ist es so wichtig, sich vor dem Schreiben genau zu überlegen, was der Empfänger für ein Mensch ist.

//Komplimente – aber richtig

Doch natürlich sollen Sie nicht nur über sich reden; eine absolute Binsenweisheit jedes werbenden Textes lautet: Schmeichle Deinem Adressaten, lobe ihn, wo Du nur kannst! Als Faustregel gilt: Je mehr Komplimente, desto besser. Doch Vorsicht! Denken Sie auch hier immer daran: Ein Liebesbrief wird umso schöner, je einzigartiger er ist. Gerade bei Komplimenten ist die Gefahr groß, in »Floskelei« zu verfallen. Die größte Gefahrenquelle bilden hier die Adjektive oder Eigenschaftswörter. Jeder Texter kennt diese Allerweltswörter, die man schon 100 Mal gehört hat. Mit diesen Komplimenten lösen Sie vielleicht nicht mehr aus als ein Gähnen:

- *Leuchtende Augen*
- *Strahlendes Lächeln*
- *Unsterblich verliebt*
- ...

Doch auch hier gibt es eine Lösung: Oft beschreiben die so genannten Tun-Wörter oder Verben ein Gefühl viel besser (und origineller), weil sie erzählen, warum Sie das fühlen, was Sie fühlen ...

Eine schöne Möglichkeit, Komplimente zu machen, ist zum Beispiel die Schilderung der Szene, als Sie sich verliebt haben. Achten

Sie darauf, hier mit Verben genau auszudrücken, was der- oder diejenige getan hat, das Sie jetzt so fühlen.

Nehmen wir folgendes Beispiel: Eine Gruppe von Freunden trifft sich, um die Wohnung eines der Freunde neu zu streichen. Eine Frau bleibt als Einzige bis zum Ende, die beiden verstehen sich gut – und beim Mann funkt es. So könnte der entsprechende Brief aussehen: *»Weißt Du noch, als wir neulich in meiner Wohnung gearbeitet haben? Der Rest war schon seit zwei Stunden weg, ich hatte langsam ein schlechtes Gewissen. Darum hab ich gefragt, ob Du nicht langsam gehen musst. Dann hast Du mich einfach nur angeschaut, Dir die Haare schnell zurückgestrichen, mich angegrinst und gesagt: »Ach nein, mir gefällt's hier!« Du hattest etwas Farbe auf der Wange und die Haare hingen Dir in die Stirn. Ich glaube, in diesem Moment hab ich mich in Dich verliebt.«*

Sie merken: Dieser kleine Text enthält kaum Adjektive. Trotzdem zeigt er ganz deutlich, wie der Schreiber »seine« Frau einschätzt (*hilfsbereit, aber auch lustig-frech durch das Grinsen*) und dass er sich an diese kostbare Situation ganz genau erinnert (*Du hattest etwas Farbe auf der Wange usw.*). Das sagt doch wohl mehr als ein plattes *»Ich habe mich sofort in Deine strahlend blauen Augen verliebt«*!

//Der Schluss – Love me do!

Jetzt sind wir am Ende des Briefes angelangt. Wir haben uns Gedanken über die angeschriebene Person gemacht, Komplimente verteilt und versucht, uns selbst in gutem Licht zu präsentieren.

Für so viel Arbeit wollen wir natürlich eine Reaktion. Die fordert bei einem Liebesbrief bekanntlich ein großes Maß an Mut. Schließlich sollen die Komplimente erwidert, wenn möglich sogar verstärkt zurückgegeben werden. Also: Machen Sie es als Schreiber Ihrem Adressaten leicht – und »führen Sie am Schluss des Briefes zur Reaktion«. Diese Redewendung aus der Werbesprache will sagen: Je klarer man aufzeigt, wie es weitergehen soll, desto höher die

Wahrscheinlichkeit, dass der Adressat auch so handelt. Das heißt ...

... konkret: Sagen Sie am Ende des Briefes nicht »*Vielleicht rufst Du mich ja irgendwann einmal an* ...«. So machen Sie es auch Ihrem Gegenüber schwer. Unbewusst kommt dort eventuell der Gedanke: »Wenn der Schreiber schon ein »Vielleicht« setzt, dann kann ich mir doch auch nicht sicher sein.«

Besser: Machen Sie es dem / der anderen so einfach wie möglich – geben Sie einfach die Reaktion vor: »*Ruf mich doch einfach an (08888/ 333333)! Ich freue mich darauf!*«

Die konkrete Aufforderung (*Ruf mich doch einfach an!*) und die Telefonnummer bringen das Gehirn gleich auf die richtige Spur – und die heißt: anrufen!

Checkliste Liebesbrief:

- Geben Sie sich Mühe mit Anrede und Grußformel: nicht zu gestelzt, nicht zu locker. Wie würden Sie »die Angebetete« mündlich ansprechen?
- Holen Sie Ihren Leser dort ab, wo er steht. Geben Sie möglicher Reserviertheit Zeit, sich beim Lesen abzubauen. Fallen Sie also nicht gleich mit der Tür ins Hause und beginnen Sie nicht sofort mit Schatz / Mausi / Bärli usw.
- Wirkt Ihr Brief persönlich? Durch einen Briefstil, der ein Gespräch abbildet? Den Leser direkt anspricht? Fragen Sie sich, wie ein solches Gespräch »live« ablaufen würde? Was würden Sie sagen? Tun?
- Haben Sie »die Vorteile« eines Zusammenseins nicht nur aus Ihrer Sicht beschrieben, sondern haben Sie versucht, Ihre Selbstdarstellung »auf die Welt Ihres Lesers« zu beziehen?
- Haben Sie so konkret wie möglich und in freundlichen Worten geschrieben, was der Empfänger Ihres Briefes tun soll?

Teaser: Anreißer für das Internet und andere Gelegenheiten

Der Wagen des Helden rast über die Klippe, er springt aus dem brennenden Fahrzeug, findet im Fallen Halt an einem Felsvorsprung, hängt nun über dem Abgrund, doch der Fels unter seinen Händen bröckelt. Wird er es schaffen?
(Fortsetzung folgt)

► Cliffhänger-Konzepte nennt man diese Art, Anreißertexte zu schreiben. Sie ist eine von zwei gängigen Methoden, um Leser in Ihr Internet-Portal oder in den Langtext eines Artikels hineinzulocken.

Teaser: Schlagzeile(n), die den Leser ursprünglich zum Öffnen der Briefhülle (Engl.: to tease = aufreißen) und damit zum Lesen eines Mailings veranlassen soll. In der Werbesprache auch verwendet für hinführende, aktivierende Anreißer-Texte.

//Der Aufbau Ihrer Seiten

Spannung, Spannung, Spannung! Auf gut gemachten Internet-Portalen begegnen uns klassische Anreißertexte. Sie zwingen durch einen kurzen Text von 160 bis 300 Zeichen in den nächsten Klick. Und manchmal wiederholt sich dieses Spiel. Der Teaser führt zum Kurztext. Und der ist wiederum so spannend, dass der Langtext angeklickt werden muss.

Trotzdem ist der klassische Anreißer nur eine Art, Leser tiefer in die Information hineinzuführen. Neben dem Anreißer steht der journalistische Anschreiber. Das Fettgedruckte am Anfang des Artikels. Die vorweggenommene Kurzzusammenfassung. Sie ist weniger reißerisch, transportiert die ganze Meldung in wenigen Worten und reizt durch die Meldung selbst zum nächsten Klick.

Sie haben also grundsätzlich zwei Möglichkeiten, in einen Text hineinzuführen:

01. durch Teaser oder Anreißer,
02. durch journalistische Anschreiber (Lead-in).

Je seriöser Ihr Medium oder Ihr Internet-Auftritt, desto mehr werden Sie zum journalistischen Anschreiber tendieren. Allerdings findet sich heute in vielen Internet-Portalen ein Wechsel zwischen beiden Methoden.

//Der Teaser oder Anreißer ...

... baut Spannung und Motivation auf. Hier wird noch nicht alles verraten, der Leser muss klicken, damit seine Neugier befriedigt / das Rätsel gelöst wird. Kennzeichen: starke Führung! Zwei Beispiele:

Neue Chancen, neues Glück.
Bei Lotto Müller sorgt eine neue Regel für satte Gewinne. Warum sich Spieler darauf freuen, lesen Sie hier.
(Mehr)

Füller Memo – nur »solange Vorrat reicht«!
Autoren, Texter, Journalisten: Wer viel schreibt, liebt diesen wunderbaren Füllfederhalter aus Italien. Wie Sie sich jetzt eines von nur 100 nummerierten Exemplare sichern, verrät ein Klick ... (mehr)

//Der journalistische Anschreiber ...

... auch **Nachrichtenlead** oder **Lead-in** zeigt (wenn möglich) die vollständige Nachricht in Kurzform. Sie bauen ihn um die klassischen W-Fragen herum auf. W-Fragen im Beispiel: Wer, was, wann, warum, wen betrifft das? Kennzeichen: vollständige Info!

Neue Chancen, neues Glück!
Ab März 2005 gelten bei Lotto-Müller für Spieler neue Regeln: »Jedes zweite Los gewinnt!« Mit dieser Qualitäts-Offensive will Müller Marktführer werden. (Mehr)

Füller Memo:
Autoren, Texter, Journalisten: Wer viel schreibt, liebt diese Stahlfeder mit aufwendiger Kolbentechnik. Sorgfältig in Handarbeit gefertigt, verlassen jährlich nur 1000 Exemplare die Werkstatt in Bologna. 100 nummerierte Exemplare haben wir für Sie zum Schnäppchenpreis gesichert ... (mehr)

//Die Arbeit mit W-Fragen

W-Fragen zeigen einen Weg, journalistische Anschreiber zu entwickeln. W-Fragen erfordern ausführliche Antworten und sind deshalb eine klassische Technik, journalistische Texte oder auch eine Pressemeldung aufzubauen. Bauen Sie Ihren Text einfach um die Fragen herum auf.

Nicht immer lassen sich alle W-Fragen beantworten. Das ist abhängig vom vorhandenen Platz. Deshalb gibt es auch hier eine Rangordnung.

01. Bei Kurzeinstiegen (Internet-Portal): Unbedingt beantworten soll ten Sie die Fragen Wer?/ Was? / (Wo?)
02. Wenn mehr Platz (z. B. Zusammenfassung) vorhanden ist, orien-

tieren Sie sich zusätzlich an den weiteren Fragen: Wann? / Wie? / Warum? Welche Quelle?

03. Wenn möglich oder nötig, beantworten Sie für Ihren Leser auch die Zusatzfragen: Wen betrifft das? Wie lange? Welche Folgen?

Wer? Was? Wo?

↑ Verursacher ↑ Ereignis ↑ Ort

Wann? Wie? Warum? Welche Quelle?

Wen betrifft das? Wie lange?

Welche Folgen?

//So aktivieren Sie noch (mehr ...)

Nicht immer aktivierend ist das, was moderne Content-Management-Systeme (CMS) Ihrem Text zumuten. Sie hacken nach 160 Zeichen bzw. nach dem letzten Wortende den Satz einfach ab. Natürlich kommt auch so eine Führung des Lesers zu Stande, doch nur, wenn das System mit den ersten Worten ein sinnvolles Bruchstück eines Satzes liefert:

Das Ergebnis stand schon vorher fest: Bei Überbrückung kürzlich festgestellter Informationsdefizite auf der Außendiensttagung von Müller und Partner traten (mehr...)

Was nun? ... unüberwindliche Schwierigkeiten oder die Windpocken auf? Die Geschäftsführer zusammen? Oder die Abteilungsleiter ab?

Ganz sicher ist ein getexteter Anschreiber weit informativer und lässt den Leser nicht mit einer unsinnigen Teilinformation allein.

Auch die Führungsfloskel, von vielen CMS nach Voreinstellung gesetzt (weiter ... / mehr ...), bietet zusätzliche Chancen zur Aktivierung: Ersetzen Sie mehr ... doch durch Aufforderungen, die zur Meldung passen:

Gleich buchen ...
Zur Post ...
Parkett ansehen ...
Meldung lesen ...

Und, und, und ...

Wie man einen Roman schreibt

Ein Kapitel über das Schreiben von Romanen? Warum nicht! Dieses Buch soll Ihnen auch zur Seite stehen, wenn's um Schreibträume und großen Ideen geht. Deshalb geht es hier auch um den Aufbau guter Geschichten. Um den Spannungsroman und wie man ihn »konstruiert«. Natürlich wird dieses Thema nur angerissen, denn auch dazu gibt es spezielle Literatur. Doch dieses Kapitel liefert Ihnen genügend Anregungen, um anzufangen und mit dem »Sieben-Stufen-Plot« eine Struktur, die weiterhilft.

//So beginnen Sie ...

► Wer Romane schreibt, braucht langen Atem, kreative Ideen, viel Toleranz, wenn sich Figuren plötzlich ganz anders entwickeln als vorgesehen, und viel, viel Disziplin. In den USA ist ganz klar, dass Schreiben Handwerk ist, erlernbare Techniken erfordert, die man sich in Seminaren über kreatives Schreiben aneignet. Nur in unserem Land vergessen wir oft, dass sich ein Autor plagen muss – und dass auch gutes Schreiben wie Klavierspielen zwei Dinge braucht: Talent und Technik. Jetzt geht es um Techniken, die Ihnen helfen, mit Ihrem Roman zu beginnen. Zunächst stehen die Recherche und diverse Vorarbeiten vor dem Schreiben der ersten Zeile. Erst dann geht's los. Hier sind einige Anhaltspunkte ... und beispielhaft für weitere Handlungsstrukturen der **Sieben-Stufen-Plot**, eine Struktur, die weiterhilft.

//Recherche und Vorarbeit

Je gründlicher die Vorarbeit, umso einfacher geht's. Hier sind einige Leitfragen, die Ihnen helfen, besser ins Schreiben hineinzukommen. Vielleicht ist es auch so, dass Ihnen ein Kapitel, ein Schlüsselerlebnis, eine Personenbeschreibung in einem inspirierten Moment »aus der Feder fliegt«. Glück? Schicksal? In jedem Fall ein erster Kristallisationspunkt Ihres Romans. Der Plot, der Handlungsentwurf und grobe Ablauf sollte fixiert werden. Dann beginnt harte Arbeit. Die Inszenierung. Die Entwicklung der Charaktere, die Landschaft, Licht, die Zeit, in der Ihre Handlung spielt, Haupt- und Nebenfiguren, die Sprache dieser Figuren und vor allem: die Geschichte dieser Figuren. Was lässt sie so sein und so handeln. Was treibt Ihre Handlung voran.

Alles steht in Beziehung zueinander. Denn, was Sie entwickeln, sind viele kleine Welten. Der Wilderer gehört ins Gebirge, und wenn er denn heimlich auf die Jagd geht, gibt es eine Ursache dafür. Ist es Hunger, Armut oder Übermut. Oder ist der Wilderer ein geschworener Feind des Försters? Warum? Nur wer entwickelt, was seine Figur zu Handlungen verleitet, kann diese Handlungen für den Leser nachvollziehbar machen. Und ihn in Rückblenden daran teilhaben lassen. Das folgende Beispiel zeigt Ihnen stellvertretend für viele mögliche Handlungsstrukturen, wie Sie Ihren Roman in sieben Schritten aufbauen.

//Stufe 1: Wo ist der Köder?

Irgendwo fängt‘s an. Wo ist der magische Punkt, der Ihren Leser in den Text hineinzieht? Ihn neugierig macht. Jeder Roman braucht diesen guten Start, der Ihren Leser anlockt. Dazu eignen sich Konflikte, starke Gefühle, die durch ein Ereignis freigesetzt werden, auch ein historischer Epilog, der alles Folgende schon in einen spannenden Gesamtzusammenhang setzt. Aufregung, Verwicklung und Spannung entsteht. Der Leser entdeckt oder ahnt Geheimnisse und dramatische Ereignisse für eine der handelnden Figuren. Und die werden zu Beginn eingeführt, der erste Teil der Handlung entwickelt.

Achten Sie darauf, dass der Start gelingt. Ob Blick durchs Schlüsselloch, unerwartetes Geschehen oder die Tat selbst, die nun über Rückblenden die Geschichte entwickelt. Sie müssen Ihren Leser fesseln, schnell an die Hand nehmen, um ihn weiterzuführen. Wer sich bereits auf den ersten Seiten langweilt, hat wenig Motivation weiterzulesen.

Zum Beispiel: In einer VIP-Lounge des Bahnhofs Neverland warten 15 Reisende der Luxusklasse auf die Einfahrt des besonderen Luxus-Express. Der Roman beginnt mit einer Ohrfeige. Ein Paar streitet, sie gehört zu den Reisenden, und alle Anwesenden wissen nun, dass ihr Koffer etwas Geheimnisvolles enthält. Die Personen werden eingeführt, und die Leser lernen einen schrulligen kleinen Mann kennen, der zu spät kommt und mit etlichen Missgeschicken gerade noch zusteigt.

//Stufe 2: Der erste Wendepunkt

Sie sind überraschend gestartet. Die Personen sind eingeführt. Erste Dinge haben sich ereignet. Jetzt geschieht plötzlich etwas, das Figuren in Beziehung zueinander bringt. Der Lauf der ursprünglichen Geschichte verändert sich. Unerwartete Informationen tauchen auf, eine Entdeckung wird gemacht, eine Einigung wird erzielt oder neue Personen erscheinen. Die Geschichte dreht und wird plötzlich vorangetrieben! Neue Komplikationen wecken neues Leseinteresse. Ein Mord geschieht, ein oder mehrere typische Verdächtige werden ausgemacht ...

Zum Beispiel: Auf der Fahrt im Luxus-Express passiert nun ein Mord. Alle Reisenden verwandeln sich urplötzlich in misstrauische, neugierige Amateurdetektive. Der schrullige Reisende, dessen Missgeschicke der Einstieg beschrieb, ist ein berühmter Detektiv und tritt als solcher nun in Erscheinung.

//Stufe 3: Der Mittelpunkt

Halbzeit der Geschichte: Weitere Infos spitzen die dramatische Spannung zu. Hier sind nur einige der vielen Möglichkeiten: Es kommt jemand, den man nicht erwartet, eine Figur entdeckt, dass sie bedroht wird, vielleicht stirbt jemand, Menschen verlassen einander, Naturkatastrophen kündigen sich an. Unbekannte Informationen tauchen auf, eine ungekannte Eigenschaft einer Figur treibt die Geschichte weiter.

Zum Beispiel: Im Luxus-Express stirbt nun der typische Verdächtige, der Zug hält für mehrere Tage in einem heißen, stinkenden Bahnhof – weitab von jeder Zivilisation. Ein sehr nervöser Mann steigt zu.

//Stufe 4: Der zweite Wendepunkt

Noch immer kommt Aufregung hinzu. Der »Kessel« ist voll und kocht. Sie würzen mit weiteren Zutaten. Jetzt vollendet sich die Phase der Komplikationen. Nichts grundlegend Neues wird hinzugefügt. Dennoch steigt die Spannung. Alles treibt auf die Lösung aller Krisen zu. Ganoven treffen am Schauplatz ein, neue Indizien werden entdeckt, ein weiterer Mord zwingt den Helden, etwas zu tun. Der Leser will nun lösen und folgt Ihnen neugierig weiter. Denn direkt nach dem Wendepunkt zwei kommt ...

Zum Beispiel: Der geheimnisvolle Koffer beherbergte ein Lebewesen. Der Detektiv ahnt dies. Ein weiterer Mord geschieht. Der Detektiv entdeckt: Der neue Fahrgast ist den anderen Fahrgästen schon bekannt, denn er hatte sich vor Abfahrt des Zuges mit einer der Reisenden einen heftigen Streit in der VIP-Lounge geliefert. Im Gespräch des Detektivs mit dem Neuen verwickelt der sich in zahlreiche Widersprüche.

//Stufe 5: Der Punkt der Entscheidung

Der Held entscheidet sich, wie er die Situation bewältigt: Die Hauptperson trifft eine längst fällige Entscheidung, der Kommissar lockt den Mörder in die Falle, die Ehefrau verlässt den Ehemann, der Kranke nach sechs Monaten das erste Mal das Haus, der Bauer fährt das erste Mal seit Jahren wieder in die Stadt, der leidende Schwärmer gesteht endlich seine Liebe. Die Hauptperson tut etwas, das ihr Leben dramatisch verändert. Und diese Entscheidung führt nun direkt in den dramatischen Höhepunkt hinein.

Zum Beispiel: Der Detektiv entschließt sich eine Falle aufzustellen, der nervöse Herr outet sich als Wissenschaftler, der für das Militär Laborversuche mit Menschenaffen durchführt.

//Stufe 6: Der dramatische Höhepunkt

Krachen, Donnern, Scheppern oder einfach eben Glockengeläut. Jetzt geht's rund. Und jetzt werden offene Rechnungen beglichen. Hier ist Action durch Verfolgungsjagd, Streit, Kampf, Angriff,

Spruch der Geschworenen im Gerichtsdrama, Sex oder Erfüllung in einer Begegnung der Liebenden. Doch hier geschieht vor allem eines: Gerechtigkeit waltet, ein »Ausgleich« für Erlittenes findet statt. In den Gefühlen der handelnden Personen, aber auch in der Welt. Gegner werden bestraft. Zufriedenheit entsteht. Legt es der Autor auf eine Fortsetzung an, bleibt ein Aspekt offen, eine Frage noch unbeantwortet.

Zum Beispiel: Ein mordgieriger Affe tappt in die Falle, die Dame mit Koffer kommt dazu und wird nun selbst ermordet. Detektiv und Wissenschaftler erlegen das Tier.

//Stufe 7: Die Auflösung

Nun werden letzte Dinge geklärt, analysiert, was zu schnell ging. Die Ereignisse finden ihren Abschluss. Hier entsteht Klarheit, was mit den Hauptpersonen geschieht. Freunde, die überlebt haben, werden entdeckt und finden wieder zusammen, letzte Rückblenden erklären, was in Stufe 6 geschehen ist. »Der Wunsch des Lesers nach Logik in einer unlogischen Welt will befriedigt werden«, schreibt Elisabeth George.

Zum Beispiel: Fall gelöst. Gentechnisch veränderter Affe als Übeltäter, den Dame mit Koffer entführte, um ihn weitab jeder Zivilisation in Freiheit zu setzen. Tier war unbeherrschbar. Sie war Tochter des Wissenschaftlers. Erklärung: Der Streit am Bahnhof zu Beginn der Geschichte war ein Versuch, sie zurückzuhalten usw. ...

//Wo diese Struktur herkommt und wo Sie weitere Informationen finden ...

Es gibt zahlreiche Bücher über das Schreiben. Und es gibt phantastische Internet-Seiten, die zum Teil auch Einblicke in die Arbeitsweise renommierter Autoren liefern. Ich möchte Ihnen an dieser Stelle stellvertretend für viele Bücher drei nennen, die den handwerklichen Aspekt besonders betonen:

- Elisabeth George: Wort für Wort. Ein faszinierendes Buch der Erfolgsautorin. Es entstand aus ihren Vorlesungen über kreatives Schreiben. Die 7-Stufen-Struktur ist in ihren Grundzügen diesem Buch entlehnt und mit weiteren Aspekten angereichert. (München: Goldmann, 2004)
- James N. Frey: Wie man einen verdammt guten Roman schreibt. Ein sehr konkretes, kurzweiliges und nützliches Buch und ein Crashkurs in den Techniken des Geschichtenerzählens. (Köln: Emons Verlag, 1993)
- Sol Stein: Über das Schreiben. Eine fesselnde Schritt für Schritt Anleitung eines US-Altmeisters. (Frankfurt: Zweitausendeins, 1997) Der amerikanische Erfolgsautor geht noch einen Schritt weiter und bietet zu seinen Lehrbüchern auch eine Autorensoftware »WritePro« an (ebenfalls bei Zweitausendeins).

//Weitere Handlungsstrukturen

Was Sie gerade gelesen haben, ist ein Muster, um die Abfolge von Ereignissen in einer Romanhandlung zu strukturieren. Denken Sie daran: Dieses Muster steht für viele, und so wie das Schreiben eben ist, mischen sich Strukturen, greifen auch ineinander. Allerdings haben solche Muster Schriftstellern schon immer geholfen. Zu den bekanntesten Mustern gehört sicherlich auch das klassische Drama der deutschen Literatur (Goethe, Schiller, Orientierung an antiken Vorbildern) mit seinem fünfstufigen Aufbau:

Hier gehören die Ereignisse zusammen: Jede Szene entwickelt sich aus der vorhergehenden und hat eine logische Verbindung mit der nächsten. Dadurch entsteht eine in sich geschlossene Form. Szenen und Akte haben ihren festen Platz im Handlungsgerüst und sind nicht vertauschbar.

1. Akt: Einleitung – Exposition. Das Publikum wird über zeitliche, räumliche und personale Verhältnisse informiert.
2. Akt: Erregendes Moment – Konflikt.
3. Akt: Höhepunkt führt zum Umschwung / Wendepunkt.
4. Akt: Moment der letzten Spannung – retardierendes Moment: Es ergibt sich noch ein Hindernis / ein besonderes Ereignis.
5. Akt: Lösung der Tragödie – Katastrophe.

Moderner und nicht nur die Grundlage vieler Drehbücher, sondern auch der Plot hinter vielen guten Geschichten ist »Die Reise des Helden«. In seinem Buch »Die Odyssee des Drehbuchschreibers« beschreibt Christopher Vogler zwölf (archetypische) Stationen (drei Akte), die der Held auf seiner Reise durchlaufen muss:

1. Akt:

01. Die gewöhnliche Welt
02. Der Ruf des Abenteuers
03. Weigerung, dem Ruf zu folgen
04. Der Mentor
05. Die erste Schwelle – erster Wendepunkt

2. Akt:

06. Proben, Verbündete, Feinde
07. Vordringen zur tiefsten / innersten Höhle
08. Entscheidende Prüfung
09. Belohnung
10. Rückweg – zweiter Wendepunkt

3. Akt

11. Auferstehung
12. Rückkehr mit dem Elixier

Der Herr der Ringe, Star Wars, viele Filme und Geschichten fallen Ihnen vielleicht bereits beim Lesen dieser zwölf Stationen ein. Wer mehr über die Reise des Helden erfahren möchte: Christopher Vogler: Die Odyssee des Drehbuchschreibers. Frankfurt: Zweitausendeins, 2004.

Handwerk

Vieles am Text ist solides Handwerk. Da gibt es oft ein Richtig oder Falsch, und Sie als Schreiber sollten tunlichst wissen, was richtig ist. Wenn es darum geht, die Namen der Autoren zu indexieren, wenn im Unternehmen über die Frage »Unterschrift im Brief oder nicht?« diskutiert wird. Oder wenn die Frage auftaucht: »Wie adressiere ich richtig?« Denn mehrere Personen mit mehreren Titeln wollen im Brief korrekt angeschrieben werden.

Dieses Kapitel liefert Ihnen das Wissen, um solche Fragen zu beantworten. Solide Grundlagen für solides Texterhandwerk. Viel Spaß mit den folgenden Themen ...

Die Themen dieses Kapitels:

Welche Regeln gibt es zur Unterschrift in Briefen

//Wie Sie Ihre Post garantiert richtig unterzeichnen und warum ein Brief eine Unterschrift braucht ...

Kaum zu glauben: Wenn es um die Unterschrift geht, gibt es noch immer viele Unklarheiten. Da herrscht Uneinigkeit über die Frage, unterschreiben oder nicht und wenn doch: In welcher Farbe, Größe, Art und Weise muss ein Brief signiert werden? Aktuelles Beispiel: Ein Unternehmen schreibt an seine besten Kunden, und die Frage steht im Raum, ob nicht ganz auf die Signatur verzichtet werden könne. Denn die EDV-Abteilung favorisiert die Floskel »Dieser Brief wurde maschinell erstellt und trägt deshalb keine Unterschrift«. Was gilt?

//Ein Brief ist ein Gespräch auf lange Distanz

► Ein Gespräch beginnt mit der persönlichen Begrüßung und endet mit der Verabschiedung. Genau so ist es im Brief. Briefe zeigen im Adressfeld, wer gemeint ist, sie verraten über Absender und Logo, wer da schreibt, sie begrüßen im Einstieg, verabschieden mit dem letzten Absatz und sorgen durch die Unterschrift für den persönlichen Touch. Ein Mensch signiert mit seinem guten Namen. Brief und Unterschrift gehören zusammen wie Topf und Deckel.

Fehlt die Unterschrift, wirkt der Brief unpersönlich, erscheint nicht mehr als Gespräch, verliert das offensichtliche Signal »Ich bin eine persönliche Botschaft« – und verliert Menschlichkeit, Höflichkeit und vor allem Werbewirkung.

//Die Geschichte der Unterschrift

Das Prinzip der Unterschrift ist seit Jahrtausenden gleich. Schon damals wollte der Verfasser eines Schriftstücks in besonderen Fällen den Leser von seiner Authentizität überzeugen. Man drückte dem Stück Pergament »seinen Stempel auf« und verlieh ihm durch dieses Kennzeichen Stellvertreter-Qualität: »Ich habe gesprochen!«

Daran hat sich bis heute nichts geändert. Nur die Mittel haben sich gewandelt. Die frühen Stempel oder Siegel wurden meist aus Ton gebrannt oder aus Knochen geschnitzt. Die Römer verzierten ihre Stempel und Siegel mit kostbaren Materialien, die über den Status des Besitzers Auskunft gaben. Im Mittelalter verliehen Könige oder Kaiser Verträgen damit Gültigkeit.

Das einfache Volk hatte in der Regel mit Siegeln und Stempeln nichts zu tun. Das änderte sich ab dem Zeitalter der Renaissance schlagartig. Mit dem Aufschwung des kulturellen Lebens drückten Menschen wieder mit Stempel oder Siegelring ihren Schriftstücken ihre »Persönlichkeit« auf. Nicht nur Herrscher, sondern auch Kaufleute bestätigten zunächst symbolisch »mit ihrem guten Namen«. Der symbolische Charakter änderte sich im Lauf der Jahre in eine zeichentragende Signatur. Mit dem lesenden und schreibenden Bürger hält die Schrift Einzug ins tägliche Leben. Fortan wird nicht mehr mit Stempel oder Siegel unterzeichnet, sondern mit der persönlichen Unterschrift. Mit dem 18. Jahrhundert beginnt der Siegeszug des Privatbriefes. Das Inkrafttreten des Bürgerlichen Gesetzbuches zum 1. Januar 1900 verleiht der persönlichen Unterschrift eine besondere Bedeutung. Ab sofort ist ein persönlich unterschriebenes Dokument eine Urkunde. Auch heute noch gilt: Eine Unterschrift gehört unter jeden Brief. Ausnahmen sind E-Mails und Faxe direkt aus dem PC.

//Einige Grundregeln

Wir haben also seit der frühen Goethezeit gelernt, wie ein Privatbrief auszusehen hat. Begegnet uns dieses gelernte Erscheinungsbild, erkennen wir ein Schriftstück als Brief und assoziieren damit eine »persönliche Botschaft«. Fehlt die Unterschrift, geht der persönliche Charakter Ihres Briefes auf den ersten Blick weitgehend verloren. Doch gerade im Verkauf oder bei der Kundenbetreuung per Post wollen wir Bindung und Nähe aufbauen. Deshalb lesen Sie hier noch einige Regeln für die richtige Unterschrift im Brief:

- Die gedruckte Wiederholung des Namens unter der Unterschrift ist bei geschäftlichen Schreiben immer zu empfehlen, da viele Unterschriften unleserlich sind. In vielen Unternehmen und Behörden ist die Namenswiederholung sogar vorgeschrieben. Schreiben Sie den Vornamen ruhig dazu. Vorteil: Häufige Namen wie »Müller« oder »Maier« können dadurch besser unterschieden werden. Zudem weiß der Antwortende auch, ob er an »Herrn« oder »Frau« schreiben soll.
- Vermeiden Sie bei der Unterschrift große Schnörkel. Besonders solche, die nicht lesbar sind. Denn das weckt Misstrauen beim Empfänger oder sorgt für unfreiwillige Komik. Nicht jedem Leser imponiert eine ausgeschmückte Unterschrift. Eine lesbare und prägnante Unterschrift macht meistens den besseren Eindruck.
- Ihre Unterschrift muss lesbar sein. Widmen Sie Ihrem Leser nur einen »Krakelstrich« provozieren Sie ständig die Frage: »Was bedeutet dieses Zeichen?« Das Gehirn Ihres Lesers sollte jedoch Unterschrift und den gedruckten Vor- und Nachnamen darunter mühelos und ohne Irritationen zur Deckung bringen. Eine leserliche Unterschrift ist also ein kleines Stück »Dienst am Kunden«.
- Der von Hand per Füllfederhalter unterschriebene Privatbrief ist noch immer das Leitbild, auch für werbliche Briefe. Die persönliche Unterschrift in Blau signalisiert hohe Wertigkeit und Bedeutung des Briefinhalts. Und sie setzt sich durch ihre Farbe klar vom gedruckten Inhalt ab. Wenn Sie also persönlich an Ihre zehn Top-Kunden schreiben,

verzichten Sie auf das Eindrucken Ihrer gescannten Unterschrift und unterzeichnen Sie eigenhändig.

- Berufs- oder Positionsbezeichnungen machen im Werbe- oder Kundenbrief nur Sinn, wenn der Empfänger sie versteht oder davon profitiert. »Leiter Kundenservice« ist klar. »Supervising Key-Account-Manager« setzt voraus, dass ich als Leser mit dieser Bezeichnung etwas anfangen kann. »IMA / Consumer« ist ein unternehmensinternes Kürzel, das für Leser wahrscheinlich unklar ist.

//»Dieser Brief wurde maschinell erstellt ...

... und trägt deshalb keine Unterschrift«, gehört also zu den Floskeln, die Sie im Interesse einer guten Kundenkommunikation niemals einsetzen sollten. Denn persönliche Briefe brauchen auch eine persönliche Unterschrift!

b@w Wie schreibt man Anschriften und Anreden richtig?

//Der eigene Name – und das ganze Drumherum

Mitten in einem Projekt zur Überarbeitung der Korrespondenz kam die Frage: Wie spricht man eigentlich korrekt an? Diese Frage lässt sich für Standardfälle einfach mit der DIN-Norm 5008 beantworten. Ganz anders bei Spezialfällen. Hier die Ergebnisse einer unerwartet komplizierten Suche nach verlässlichen Antworten.

► Jeder weiß es: Das wichtigste Wort für einen Menschen ist sein Name. Das Bild, das sagt ICH. Und dass wir ihn richtig schreiben, ist einfach eine Grundvoraussetzung für das Direktmarketing und die dringendste Anforderung an die Datenbank. Schreiben Sie den

Namen Ihres Kunden oder Wunschkunden falsch, beschädigen Sie sein »Lieblingsbild«.

Doch was ist eigentlich mit dem Drumherum? Rund um den Namen bilden wir weitere Worte. Mal mehr, mal weniger richtig. Rechnen Sie auch Anrede und Anschrift dem Namen Ihres potenziellen Kunden zu. Wenn das Bild, das sagt ICH, gefallen soll, müssen auch Hintergrund und Rahmen stimmen.

//Die Standards und erste »Titelei«

Sehr geehrte Frau Müller
oder
Sehr geehrter Herr Schmidt

Mit Doktortiteln:

Sehr geehrte Frau Dr. Müller
oder
Sehr geehrter Herr Dr. Schmidt

Akademische Diplome wie z. B. der Dipl.-Ing. oder der Dipl.-Psych. haben in der modernen schriftlichen Anrede nichts zu suchen. Sie tauchen allenfalls in der Anschrift auf, manchmal einfach als Höflichkeit vor der älteren Generation.

Nun sind aber Müller und Schmidt Professoren. Schmidt gleich mit einem ganzen Sammelsurium von Titeln. So ist Schmidt eigentlich Dr. med. und Dr. h.c., also ein Professor Dr. Dr. Die Titelei erscheint wiederum nur im Adressfeld. In der schriftlichen Anrede wählt man den höchsten Titel. Also: »*Sehr geehrter Herr Professor Schmidt*«. Wichtig: Der Professor wird ausgeschrieben (nicht abgekürzt in Prof.). Übrigens können heute akademische Grade auch in die weibliche Form umgesetzt werden: »*Sehr geehrte Frau Professor Müller*« oder »*Sehr geehrte Frau Professorin Müller*«.

//Zwei auf einen Streich – Anreden im Paarlauf

»Liebe Luise und Hans«, eröffnen Sie Ihren Brief – und stolpern schon über eine Stilregel. Auch private Anreden sprechen ihren »Briefpartner« direkt an: *»Liebe Luise, lieber Hans ...«*

»Liebe Müllers« schreiben Sie. Und haben damit in Ihrem Brief eine recht vertrauliche Form gewählt. Korrekt, herzlich und ein wenig mehr distanziert: *»Liebe Frau Müller, lieber Herr Müller.«* Übrigens ist ein *»lieber«* durchaus im Geschäftsbrief vorstellbar, wenn hier eine enge Beziehung besteht. Ganz sicher im Geschäftsbrief gehen Sie mit:
Sehr geehrte Frau Müller,
sehr geehrter Herr Schmidt

Es gilt die Regel »Ladies first« – im Privat- und im Geschäftsbrief, wenn Sie an zwei in der Hierarchie gleichgestellte Personen schreiben. Schreiben Sie an *»sie«* und *»ihn«* in unterschiedlichen beruflichen Positionen, sprechen Sie den Chef zuerst an (und geben, um alles richtig zu machen, unter Umständen die schöne Regel »Ladies first« auf). Also:
Sehr geehrter Herr Vorschmidt,
sehr geehrte Frau Dannmüller

Übrigens: Die moderne Anschrift enthält heute auch im Privatbereich die Namen beider Partner. Vergessen Sie also *»Herrn Dr. Willi Wagemuth und Gattin«* im Adressfeld. Hier steht:
Frau Berta Wagemuth,
Herrn Willi Wagemuth

Etwas konservativer, wenn *»er«* zuerst genannt wird – und die Standardform bei *»Paarlauf«* im internationalen Briefverkehr. Da erscheint er noch, der *»Haushaltsvorstand«*. Übrigens können Sie beide Namen auch zusammenziehen: *»Herrn und Frau Willi und Berta Wagemuth.«*

//Das »Fräulein« ist tot

Einige Anreden bzw. Zusätze der Anschrift sind einfach nicht mehr zeitgemäß. Dazu zählt das »Fräulein« genauso wie »Eheleute«, »Firma« oder »Fa.«, »z. H.« oder der Vorsatz »An«.

An die Fa.
Textakademie GmbH
wird im Anschriftenfeld einfach
Textakademie GmbH

An die Eheleute Schmidt
wird zu
Frau Anja Schmidt
Herrn Rudolf Schmidt

//Der Adel – wie sprechen Sie ihn schriftlich an

Nur wenige Texter treiben sich in der Welt des Adels und Hochadels herum. Doch Ihrer Datenbank ist das egal. Ist der Herr Graf Kunde oder Geschäftspartner geworden, brauchen Sie klares Wissen um die korrekte Anrede. Prinz, Prinzessin, Herzog und Herzogin, Graf und Gräfin, und, und, und. Wie schreiben Sie adelige Kunden richtig an?

Ihr Brief richtet sich an

»Herrn (Dr.) Peter Prinz von Wörterstein«, und Sie beginnen Ihr Schreiben mit:

»Sehr geehrter Dr. Prinz von Wörterstein«.

Genauso geht's bei Herzögen, Fürsten, Grafen und Baronen. Hier lassen Sie in der Anrede Herr / Frau einfach weg.

Und wie würden Sie Freifrau und Freiherrn, Baron und Baronin bzw. den Ritter ansprechen?

Anrede Freifrau / Freiherr / Ritter:
Sehr geehrte Frau (Dr.) von Buchheim
Sehr geehrter Herr (Dr.) von Buchheim

Anschrift:
Frau (Dr.) Luise Freifrau von Buchheim
Herrn (Dr.) Franz Freiherr von Buchheim
Herrn (Dr.) Phillipp Ritter von Buchheim

Übrigens: Alternative bei Freifrau und Freiherr, um die Doppelung Herrn / Frau zu vermeiden:
Freifrau Dr. Luise von Buchheim
Freiherrn Dr. Franz von Buchheim

Ähnlich verfahren Sie mit Baron und Ritter:
Sehr geehrter Herr (Dr.) von Lesestein
Sehr geehrter (Dr.) Baron Lesestein
Herrn Dr. Friedrich Baron Lesestein

//Kleine Anrede, große Wirkung

Übrigens erfordert auch die mündliche Anrede ähnliche Sorgfalt. Der Name und das ganze Drumherum gehören nun mal zu den beliebtesten Wörtern des Menschen. Wer hier weitere Informationen benötigt: Mittlerweile gibt es etliche empfehlenswerte Literaturtipps, z. B. Peter Wolff: Anreden und Anschriften. Berlin: Urania, 2000.

Wie textet man eine Headline, die zieht?

//Wie Sie werbliche Überschriften mit besten Verkaufschancen entwickeln

Headlines, zu Deutsch »Kopfzeilen«, nennt man die werbliche Überschrift in Anzeigen, Prospekten, Briefen und sonstigen Werbemitteln. Im Werbebrief haben Headlines längst die »Betreffzeile« ersetzt. Sie sind mehr als bloße Inhaltsangabe, denn sie führen in den Text oder setzen ein »geistiges Bild«. Dieses Bild soll Ihren Leser motivieren, sich weiter mit einem Angebot zu beschäftigen.

//Das Ziel entscheidet

► Je nach Zielsetzung unterscheidet man Headlines der klassischen Werbung und Direktmarketing-Headlines. Klassische Headlines dürfen oft mutiger sein als ihre Kollegen aus dem Direktmarketing. Denn während Letztere unter allen Umständen die Führung zur Reaktion halten müssen, erlauben klassische »Kopfzeilen« mehr Sprachspielereien, fördern kognitive Dissonanzen. Es geht um die Änderung einer Einstellung, um Image oder Bekanntheit. Der Leser soll über Text und das »geistige Bild« nachdenken, darf ruhig innehalten, denn seine Denkzeit ist Beschäftigung mit Marke, Produkt, Unternehmen. Hier dürfen Kühe lila sein oder Autos laufen und laufen und laufen. Und manchmal versuchen wir, einem Leser ganze Sätze »einzuprägen«: *»Der neue Passat. Luxus, an den man sich schnell gewöhnt.«*

Klassische Überschriften präsentieren wie unser Beispiel oft eine vollständige Aussage. Sie ist komplett – und auch ohne den Folgetext verständlich.

//Führende Headlines: Mit Rückenwind in den Lesevorgang

Anders die Direktmarketing-Headline. Die Information, die sie liefert, ist selten vollständig. Ihre Hauptaufgabe: Sie soll den Leser motivieren, den Rest des Textes zu lesen. Sie führt in den Text, der Text motiviert zur Reaktion. Direktmarketing-Konzepte bauen Spannungsbögen, wecken über Headlines und Texte Begehrlichkeiten und fordern die Bestellung. Direktmarketing-Prospekte werfen Headlines wie Köder aus und hoffen, dass beim schnellen Durchblättern eines Prospekts der Blick hängen bleibt. Es geht stets um die schnelle Führung in den Lesevorgang. Und der beginnt eine Zeile tiefer. Texten Sie so, dass eine Headline nicht zu langen Überlegungen führt. Sorgen Sie für ein »Weiter-Signal« im Kopf des Lesers. Bauen Sie eine inhaltliche Brücke zwischen Überschrift und dem folgenden Text.

//Nur die richtige Information lässt Ihren Kunden weiterlesen

Ihr Kunde liest, was ihn interessiert und wovon er sich einen Nutzen verspricht. Nun ist Ihr Mailing ungeliebter Lesestoff, Ihr E-Mail-Newsletter auch bei vorliegender Zustimmung als Werbung erkennbar. Nur mit der richtigen Motivation und den richtigen Schlüsselreizen können Sie ihn zum Lesen animieren. Im Folgenden finden Sie fünf Grundmotive der Informationsaufnahme mit jeweils einer passenden Headline. Es sind Antworten auf die Frage: Warum soll ich mich mit den folgenden Informationen beschäftigen? Im nächsten Abschnitt verraten dann vier Texttechniken, wie führende Headlines ganz einfach entstehen.

//Fünf starke Motive, die zum Lesen animieren

01. Neugier

Bauen Sie einen Spannungsbogen zwischen Headline und Text auf. Ihr Leser muss unbedingt wissen wollen, wie es weitergeht! (Beispiel: So bringen Sie Ihren Kunden zum Lesen ...)

02. Angst

Gemeint ist die Angst, etwas zu versäumen oder eine wichtige Information nicht zu kennen. (Beispiel: Nur noch diese Woche: Alles zum Thema Headlines ...)

03. Etwas Bekanntes

Kann Ihr Leser die Information aus der Headline mit etwas Bekanntem verknüpfen, ist die Chance groß, dass er weiterliest. (Beispiel: Wie Sie Ihre Texterfibel zum Texterbuch ausbauen ...)

04. Etwas Nützliches

Erwähnen Sie einen starken Vorteil in der Headline. Ihr Leser muss erkennen, dass er nur durch die Lektüre des Textes zu dem angesprochenen Vorteil gelangt. (Beispiel: Jetzt gratis: So testen Sie unser Angebot der Woche ...)

05. Eine schnelle Information

Menschen haben die Tendenz, sich zuerst den Informationen zuzuwenden, die sich einfach auswerten lassen. Je kürzer die Headline, desto »schneller« ist sie. (Beispiel: Neu: Alles über Headlines ...)

//Vier Techniken für Ihre Headline

01. Die Inhaltsangabe mit Turbo

Der Text-Inhalt wird in der Headline kurz aufgenommen. Drei Punkte (...) am Ende der Zeile führen in den nächsten Absatz. Hier empfiehlt sich ein weiteres aktivierendes Element am Zeilenanfang wie: »*Neu*«, »*Gleich jetzt bestellen*« etc. (Beispiel: Neu: Ihr Textertipp zum Thema Headlines ...)

02. Die verblüffende Inhaltsangabe

Diese Headline vereint drei aktivierende Impulse: ein verblüffendes Bild, die direkte Ansprache und die drei Punkte (...) am Ende. Lassen Sie Ihrer Fantasie freien Lauf ... (Beispiel: So starten Sie mit Rückenwind in den Lesevorgang ...). Sehr wirkungsvoll sind hier Sprachbilder. Also überlegen Sie: Lässt sich Ihr Produkt verwandeln. »Kochbuch« → »Meisterkoch – in einer Headline, die lautet: »*Holen Sie sich einen Meisterkoch in die Küche ...*«

03. Fragemechanik

Mit dieser Technik fesseln Sie den Blick Ihres Lesers. Hier arbeiten zwei Überschriften zusammen. Die Headline Nr. 1 enthält eine vollständige Aussage, ein Wortspiel oder wird so kurios formuliert, dass der Leser unbedingt wissen muss, was dahinter steckt. Durch eine zweite Überschrift (gleicher Ebene als Headline, aber auch untergeordneter Ebene als Subline) führen Sie auch hier gekonnt in den Text.

Beispiele dazu:

Aussage:	Mann beißt Hund!
Führung:	So konnte es geschehen ...
Aussage:	Headline gesucht?
Führung:	Hier werden Sie fündig ...
Aussage:	Headlines im Handumdrehen!
Führung:	So geht's ...

04. Leserfragen-Technik

Für Direktmarketing-Headlines eine der beliebtesten Varianten. Mit dem Einstieg »*So ...*« oder »*Wie Sie ...*« sprechen Sie den Leser direkt an. Sie erwähnen einen Vorteil und machen ihn damit neugierig! Leserfragen-Technik, weil zwischen Überschrift und dem

Folgetext eine Frage im Kopf des Lesers erzeugt wird. Da die Antwort im Folgetext steckt, werden wir so in den Lesevorgang »gezogen«. (Beispiel: So werden Sie Profi-Texter ... Frage im Kopf des Lesers: »Wie?« – auf der Suche nach einer Antwort lesen wir weiter.)

//Wie steht's mit Ihren Headlines?

Ganz klar: Überschrift ist nicht immer gleich Überschrift. Natürlich kommt es jetzt darauf an, in welchem Medium Sie Ihre Headlines einsetzen. Für die werbliche Kommunikation wissen Sie nun, wie's geht. Aber auch für alle anderen Texte gilt: Die brave Inhaltsangabe in Kurzform, die wir in Aufsätzen oft als Überschrift nutzen, lässt sich allemal mit den eben gelernten Techniken auffrischen. Probieren Sie's einfach!

Groß oder klein?

b@w

//Wie Sie mit einfachen Regeln zur Groß- und Kleinschreibung Ihren Worten »die wahre Größe« verleihen

Der heilige Abend oder der Heilige Abend? Wünschen wir alles Gute im neuen Jahr oder im Neuen Jahr? Ist es Karl der große oder der Große? Und wird aus einem gelben Trikot bei der Tour de France automatisch nicht doch lieber ein Gelbes Trikot? Manchmal ist Groß- und Kleinschreibung ganz schön kompliziert. Deshalb zeigt Ihr heutiger Textertipp einfache Regeln, die helfen, den richtigen Worten ihre wahre Größe zu verleihen.

► Substantive schreibt man groß. Doch was, wenn sie kombiniert sind mit Eigenschaftswörtern wie im *heiligen / Heiligen Abend* oder *im Lehrstuhl für neuere deutsche / Neuere Deutsche Literaturgeschichte?*

Und was, wenn die Artikel *»der, die, das«* hinzutreten? Schreibt sich die berühmte Dresdner Brücke *»das blaue Wunder«* oder aber *»das Blaue Wunder«* oder *»Das Blaue Wunder«*?

Die Regel: Zunächst einmal schreibt man Eigennamen immer groß. Besteht ein Eigenname aus mehreren Wörtern, werden alle Wörter großgeschrieben, mit Ausnahme von Artikeln (der, die, das), Präpositionen (von) und Konjunktionen (und). Die Dresdner Brücke schreibt sich also im Satz *»das Blaue Wunder«*.

//Woran Sie Eigennamen erkennen ...

Dass die Größe in *»Karl der Große«* sich nicht auf König Karls Länge in Zentimetern bezieht, ist jedem Leser klar. Und dass damit nicht der Nachbarssohn, der zufälligerweise Karl getauft wurde, gemeint sein kann, wissen wir aus dem Geschichtsunterricht. Doch nicht immer ist die Entscheidung, ob Eigenname oder nicht, ganz einfach: *der heilige Abend, das gelbe Trikot, die neuen Medien* oder *das neue Jahr?* Groß oder klein?

//Für Klarheit sorgen zwei einfache Kriterien:

Fragen Sie sich: Erfüllt ein Wort das **Highlander-Kriterium** »Es kann nur einen geben«? Dann Großschreibung! *»Karl der Große«, »Ludwig der Fromme«*.

Gibt's eine Taufe? Können Sie davon ausgehen, dass Mensch, Gegenstand, Institution irgendwann einmal getauft wurden? Oder ist ein »Taufakt« vorstellbar? Übrigens ist Taufe hier nicht ganz wörtlich zu nehmen. Es geht hier um das bewusste und einzigartige Bezeichnen eines Menschen, Bauwerks oder Gegenstandes. Denken Sie an die Flasche Sekt, die man noch immer am Bug eines zu taufenden Schiffes zerschlägt. Ich taufe dich auf den Namen:

»Krankenhaus der Barmherzigen Schwestern«, »Flotte Flunder«, »Karl der Große«.

Die Quelle für alle Wissbegierigen: Das schöne Wort Highlander-Kriterium habe ich gefunden in einem Buch über »Die 101 häufigsten Fehler im Deutschen« (München: C.H. Beck, 2004) von Klaus Mackowiak.

//Einfache Regeln …

Gerüstet mit Highlander-Kriterium und der »Tauf«-Frage sollten Sie nun auch jeden Streitfall »Eigenname oder nicht?« schnell entscheiden können. Hier sind jedoch weitere Regeln, die eine Entscheidung »groß oder klein« noch einfacher machen.

Groß schreibt man immer:

01. Personen. Ob nun lebend, historisch oder erfunden, ob tatsäch licher Name oder Spitzname: Wir schreiben *»Karl der Große«*, der *»Alte Fritz«* oder *»Long John Silver«*.

02. Geografische und politische Eigennamen von Erdteilen, Ländern, Städten, Straßen usw.: die *»Vereinigten Staaten«*, die *»Fränkische Schweiz«*, die *»Breite Straße«*. Übrigens auch *»inoffizielle«* Bezeichnungen wie *»Dritte Welt«* oder *»Naher Osten«*.

03. Ob Bauwerk, Sternbild oder Orden: Wann immer ein Objekt einen Namen trägt, schreiben wir diesen Namen groß: der *»Schiefe Turm von Pisa«*, der *»Große Wagen«*, das *»Blaue Band«* (für die schnellste Atlantik-Überquerung).

04. Eigennamen von Institutionen, Behörden, Firmen, Vereinen und sonstigen Gruppen. Die *»Augsburger Allgemeine Zeitung«* oder die Pop-

Band *»Erste Allgemeine Verunsicherung«*, das *»Institut für Neuere Deutsche Literaturgeschichte«*.

05. Titel, Ehren- oder Amtsbezeichnungen wie der *»Heilige Vater«*, der *»Regierende Bürgermeister«* oder die *»Königliche Hoheit«*.

06. Besondere Kalendertage: der *»Heilige Abend«* oder der *»Weiße Sonntag«*.

07. Historische Ereignisse oder Epochen (die einen Namen tragen, vgl. »Tauf«-Frage): der *»Erste und der Zweite Weltkrieg«*. Und wenn am Heiligen Abend Frieden einkehrt in die Häuser Westfalens, könnte man das vielleicht auch als westfälischen Frieden bezeichnen, es ist aber eben nicht der Westfälische Friede, denn den schreibt man als historisches Ereignis groß.

//Keine Regeln ohne Besonderheiten:

Groß schreibt man auch »fachsprachliche Klassifizierungen«. Zum Beispiel im Biologiebuch den *»Roten Milan«*, das *»Fleißige Lieschen«* oder den *»Weißen Hai«*. In der Sportberichterstattung das *»Gelbe Trikot«* oder die *»Rote Karte«*.

Mit der *»Roten Karte«* stoßen wir auf eine weitere Besonderheit: Es gibt Verbindungen von Eigenschafts- und Hauptwörtern, die zwar zusammengehören, die aber keine Eigennamen, Titel oder historische Ereignisse sind. Und die schreibt man klein. Nach offizieller Schreibregelung auch die *»rote Karte«* oder das *»gelbe Trikot«*. Doch hier hat die Fachpresse Großschreibung für sich festgelegt. Klarer wird's bei Formulierungen wie *»das schwarze Schaf«*, *»der wissenschaftliche Mitarbeiter«* oder eben *»das neue Jahr«*. Noch einmal: Wenn kein Eigenname, kein Titel, kein historisches Ereignis und keine fachsprachliche Klassifizierung vorliegen, schreibt man das Eigenschaftswort klein. Ganz einfach!

Indexierung: Was kommt an welcher Stelle?

//Wie man ganz einfach Namen, Nummern und Zahlen in die richtige Reihenfolge bringt

Wenn Leonardo DiCaprio mit Arthur MacMillan, Sam O´Neill und dem Freiherrn von Greifenklau korrekt alphabetisch geordnet sein soll, steht der Texter vor einer großen Herausforderung. Was kommt zuerst? Wie erstellt man auch bei komplizierten Namen und Titeln eine korrekte alphabetische Liste, die z. B. im Index der Firmenbroschüre niemanden beleidigt? Ihr Textertipp verrät, wie's geht.

► Die Aufgabe: In einer Firmenbroschüre sollen alle genannten Personen im Index alphabetisch gegliedert werden. Nun steht Frau Anita Then neben Herrn Tillmann van Geldern, der Freiherr Rolof von Greifenklau neben den Herren Arthur MacMillan und Charles Edward Du Bois, Mr. Sebastian O´Neill neben Vorstand Leo DiCaprio. Wie stellt man hier Ordnung her?

//Zuerst das Alphabet ...

Grundsätzlich eine der leichteren Übungen, denkt man. Das Alphabet ist klar, also wo steckt das Problem? Bayerl, Claudia – Berger, Arthur – Hilber, Franziska – Maier, Gerd. Ganz einfach! Ausschlaggebend ist immer der Familienname. Und wenn die identisch sind, orientiert man sich an der alphabetischen Folge der Vornamen. Bayerl, Claudia – Bayerl, Waltraud – Berger, Arthur ...

Das eigentliche Problem erschließt sich hier erst auf den zweiten Blick. Je komplizierter die Familiennamen, desto schwieriger die Gliederung. Vincent van Gogh, Arthur MacMillan, Gesine Van Lengen, Leo DiCaprio? Darunter zwei Professoren, ein Dr. med. und die Frage, was geschieht bei einer alphabetischen Reihe mit den Titeln?

//Hier sind einfache Regeln, die Ihnen helfen:

Akademische Grade und Titel folgen – wenn man sie nennt – dem Vornamen: Berger, Arthur, Prof. Dr. Allerdings lässt man sie im Normalfall bei einer Indexierung weg.

Ähnlich wie Titel behandelt man Namenszusätze und Adelstitel. So folgen van, von, de, de la, oder der »Freiherr von« nach dem Vornamen:

Franzen, Melanie von
Gottschling, Stefan
Greifenklau, Rudolf Freiherr von
Torre, Sebastian de la

Soweit folgen wir den DIN-Normen 5007 und 5007-2. Denken Sie daran: DIN-Normen sind nur Vorschläge, keine Vorschriften. Und so hat sich bei großgeschriebenen Namenszusätzen eine andere Praxis etabliert: Van Lengen, Du Bois werden mit dem Familiennamen alphabetisiert.

Du Bois, Charles
Gogh, Vincent van
Göbel, Karl Gustav
Leinenfeld, Fritz
Schiller, Marianne von
Unbehauen, Theodor (Prof. Dr.)
Van Lengen, Gesine

Ganz nach Norm behandelt man Namenszusätze, die mit dem Familiennamen verwachsen sind. So ordnet man Vorstand Leo DiCaprio einfach unter den Buchstaben D, Herrn Arthur MacMillan unter M und Sebastian O´Neill unter O.

DiCaprio, Leo
Du Bois, Charles
Gogh, Vincent van
Göbel, Karl Gustav
Leinenfeld, Fritz von
MacMillan, Arthur
O´Neill, Sebastian
Unbehauen, Theodor (Prof. Dr.)
Van Lengen, Gesine

//Noch mehr Ordnung …

Wenn's nun noch mehr Ordnung sein soll: Hier einige Zusatzkriterien aus der Norm.

- Buchstaben des lateinischen Alphabets vor Buchstaben nicht-lateinischer Alphabete. Erst dann folgen Zahlen. Hier römische Zahlen vor arabischen Ziffern.
- Im lateinischen Alphabet gilt: Kleinbuchstaben vor Großbuchstaben.
- Umlaute wie ä, ü werden wie a oder u behandelt. Nur wenn die Buchstabenfolge gleich ist, kommt zuerst das Grundzeichen. Also Tucke vor Tücke.

heilige Abende
Heiligabend
kaltes Land
Kalterer See
Tucke
Tücke
Tür
DXI
567

Übrigens findet man auch hier immer wieder Abweichungen von der Norm. Für die Indexierung hat sich eingebürgert, Zahlen vor den Buchstaben zu nennen:

610, R2D2
5, Nummer
DiCaprio, Leo
Gogh, Vincent van
Göbel, Karl Gustav

Mit diesen einfachen Regeln sollte Ihnen jeder Index gelingen.

Wie zitiert man richtig?

//Wie Sie Quellenangaben im Text und Ihr Literaturverzeichnis richtig gestalten

In wissenschaftlichen Arbeiten zwingend erforderlich und ein Muss für jeden seriösen Autor: Das Zitat mit korrekter Quellenangabe. Jeder erinnert sich noch dunkel daran, wie man zitiert. Aber wissen Sie noch, wie genau eine Quellenangabe sein muss oder wie sie korrekt aus dem Internet zitieren? In diesem Kapitel frischen Sie Ihr Wissen im Handumdrehen wieder auf.

//5 Grundregeln: So zitieren Sie richtig...

► Das Zitat muss als solches erkennbar sein. Wörtliche Zitate werden in Anführungszeichen gesetzt. **Beispiel:** So sagte schon Albert Einstein: »*Alles ist relativ.*«

Zitate müssen komplett ihrem Original entsprechen. Selbst Rechtschreibfehler in der Quelle müssen Sie genau so übernehmen.

Achten Sie vor allem beim indirekten Zitieren darauf, dass Sie die Grundaussage des Zitats sinngemäß wiedergeben.

Jede Änderung am Zitat muss gekennzeichnet sein. Auslassungen, Ergänzungen und grammatikalische Änderungen werden in eckige Klammern gesetzt. Unter Umständen werden noch die Initialen des Verfassers hinzugefügt. **Beispiel:** »Löwen [...] zeigen durch ihr ag[g]ressives Verhalten Paarungsbereitschaft.« [Gilt nur für afrikanische Löwen; S.G.]

Sie können Zitate auch in laufende Sätze eingliedern. Sind dazu grammatikalische und syntaktische Änderungen am Zitat notwendig, müssen Sie auch diese mit eckigen Klammern kenntlich machen. Hüten Sie sich jedoch vor allzu verkrampften Satz-Konstruktionen. **Beispiel:** Felix Magath war froh, »[...] nicht noch mehr als drei Gegentore kassiert [zu] haben«.

Das Wichtigste zuletzt: die Quellenangabe. Diese soll grundsätzlich Auskunft darüber geben, welchen Ursprung ein Zitat hat. Der Anspruch an die Genauigkeit der Quellenangabe hängt aber von der Art des Textes ab. Wissenschaftliche Texte verlangen besonders exakte Quellenangaben. Bei einem einfachen Motto oder sehr bekannten Zitaten genügt es bereits, wenn Sie den Urheber der Äußerung nennen. **Beispiel:** »I am the Greatest.« (Muhammad Ali)

Die bekannteste Form der Quellenangabe ist die Fußnote. Hinter dem Zitat im Fließtext verweist eine kleine Ziffer auf den ausführlichen Quellennachweis in der Fußzeile der Seite. **Beispiel:** »Ich schaue nach vorne.«[1]

Auch wenn sie praktisch DAS Symbol wissenschaftlicher Texte ist, ist die Fußnote kein Muss beim Zitieren.

---

[1] Muster, Peter: Der lange Weg zur Quelle. München: Piper, 1999, S. 274

//Spart Platz und Zeit: Das Autor-Jahr-System ...

Wesentlich schneller und einfacher belegen Sie Ihre Quellen nach der amerikanischen Zitierweise im Autor-Jahr-System. Dabei steht die Quellenangabe in Kurzform bereits im Text. Hinter dem Zitat folgen in einer Klammer Autor, Erscheinungsjahr der Quelle und Seitenzahl des zitierten Abschnitts. Der ausführliche Quellennachweis erfolgt dann im Literaturverzeichnis. So zitieren Sie knapp und korrekt.

Beispiele:

»Zitate müssen genau belegt werden.« (Mustermann 2006: 117)

»Die amerikanische Zitierweise spart Platz.« (Beispiel 2006: 23-24)

Sie können aber auch Autor-Jahr-System und Fußnote miteinander kombinieren. Die Fußnote nach dem Zitat verweist dann auf die Quellenangabe im Autor-Jahr-System in der Fußzeile. Im Literaturverzeichnis sind alle Quellen dann ausführlicher aufgeführt.

//So zitieren Sie aus dem Internet ...

Ein ganz eigenes Thema ist das Zitieren aus Internet-Quellen. Im Gegensatz zu gedruckten Quellen bestehen hier noch keine festen Regeln. Das liegt mitunter daran, dass das Internet eine besonders schnelllebige Informations-Plattform ist. Die Inhalte mancher Webseiten ändern sich im Minutentakt. Hier fällt es schwer, eine bestimmte URL (Uniform Resource Locator) für ein Internet-Dokument als genaue Quelle anzugeben. Zu Internet-Quellenangaben gehört deshalb neben der URL unbedingt das Datum, an dem Sie sich auf der Website informiert haben.

Durch die URLs werden Internet-Quellenangaben meist sehr lang. Im Text zitieren Sie Internet-Quellen am besten amerikanisch. Im Literaturverzeichnis folgt dann der ausführliche Textnachweis.

Hier setzt sich die Quellenangabe dann so zusammen:

Name, Vorname (Jahreszahl): »Titel«. URL: Angabe der URL [Stand: Datum der Abfrage]

Beispiel: Muster, Manfred (2006): »Muster ohne Wert«. URL: www.muster.de/muster/ohne/wert.html [Stand: 25.03.2006]

//Im Literaturverzeichnis ...

... folgt die vollständige Quellenangabe. Wie sie auszusehen hat, regelt die DIN-Norm 1505. Allerdings haben viele Hochschulen in Anlehnung an die Norm eigene Richtlinien erstellt, deshalb kommt es zumindest in der Zeichensetzung manchmal auch zu Abweichungen von der Norm. Laut Norm gehören folgende Elemente in eine Literaturangabe:

- Zwingend der Urheber (als Verfasser, Herausgeber, körperschaftlicher Urheber)
- Zwingend der Sachtitel
- Optional Zusatz zum Sachtitel / Untertitel
- Optional bei mehrbändigen Quellen: Bandangabe und Bandsachtitel
- Zwingend die Auflage (ab der 2.)
- Zwingend alle Erscheinungsvermerke: Erscheinungsort (nur der Erste), Verlag (nur der Erste), Erscheinungsjahr
- Optional: ISBN

Name, Vorname: Titel. Auflage. Erscheinungsort: Verlag, Jahr

Beispiel: Gottschling, Stefan: Stark texten, mehr verkaufen. Wiesbaden: Gabler, 2002 oder

Gottschling, Stefan: Stark texten, mehr verkaufen. 2. erweiterte und überarbeitete Auflage. Wiesbaden: Gabler, 2006

Werkzeuge

Eine Grundausrüstung für Profi-Schreiber

► Egal, was Sie schreiben. Hinter den wohlgesetzten Worten, die Blatt um Blatt füllen, stecken Freude, Wissen und harte Arbeit. Und, um Letztere etwas zu erleichtern, finden Sie im Folgenden eine Zusammenstellung wichtiger Internet-Werkzeuge für den Profi-Schreiber. Werkzeuge, die Sie als Text-Profi einfach brauchen, die schnell Hintergrundwissen vermitteln und die Recherchezeit einsparen. Internet-Werkzeuge, weil sie für jedermann erreichbar und kostenlos sind. Die drei Kategorien »Recherche«, »Lexikon« und »Sprache« halten nützliche und überraschende Links für Sie bereit. Vom Synonym-Wörterbuch bis zur größten Internet-Bibliothek im deutschsprachigen Raum ...

b@w *Übrigens finden Sie die komplette Linkliste in der Verlängerung Ihres Buches im Web! (Stand der angegebenen Links 11/2005)*

Die Themen dieses Kapitels:

Recherche

//Die wichtigsten Adressen für Journalisten

► Professionell recherchieren – mit nur einer einzigen Internet-Adresse

Wer Hintergrundmaterial sucht und Archive, Suchmaschinen, wichtige Medien und noch mehr in Klick-Entfernung benötigt, dem hilft diese Seite mit allen wichtigen Links für Journalisten schnell und einfach weiter.

So funktioniert's

Für Journalisten sind Informationen das A und O. Das gilt für verschiedenste Bereiche: Ob Sie Pressemeldungen recherchieren, um auf dem Laufenden zu sein, mit dem Routenplaner die schnellste Möglichkeit herausfinden, zur nächsten Veranstaltung zu gelangen oder für den Wirtschaftsteil die aktuellen Börsenkurse nachschlagen – die richtigen Fakten sind der halbe Text!

Auch wenn Sie sich über den journalistischen Arbeitsmarkt informieren wollen, sorgen die Journalistenlinks für Hilfe. In der umfangreichen Stellenbörse findet jeder das Passende, von Praktika bis zu Volontariaten.

Hier geht's zum Link:
www.journalistenlinks.de

Dieser Klick lohnt sich: Hier finden Sie ...

- Links zu allem, was Journalisten interessiert, vom Nachrichten-Ticker bis zu Übersetzungs-Hilfen.
- Eine Stellenbörsen zur Aus- und Weiterbildung und als Besonderheit die wichtigsten Journalistenforen im Internet.

//Ereignisse und Datum: Was geschah wann?

Das hat sich am Tage Ihrer Geburt ereignet ...

Wissen Sie eigentlich, welch »historisches Ereignis« sich am Tage Ihrer Geburt abgespielt hat? Ob die Landung auf dem Mond, Goethes Geburt oder Pelés phänomenaler Pfostenschuss: Dieser Link erzählt es Ihnen. www.kalenderblatt.de. Ihr Geburtsdatum genügt, und schon erscheint alles, was jemals an diesem Tag passierte. Von geschichtlich bedeutenden Ereignissen über kulturelle und wissenschaftliche Meilensteine: Dieser Klick ist Ihre persönliche Reise in die Vergangenheit.

So funktioniert's

Der erste Kontakt zu www.kalenderblatt.de führt auf eine Liste mit den vergangenen Ereignissen des heutigen Datums. Sie haben die Wahl: »Geburtstage«, »Gedenktage«, »Themen«. Jeder Klick verrät Ihnen mehr über diesen Tag. Sie wollen sich über ein bestimmtes Datum informieren? Nichts leichter als das. Rechts neben dem Impressum ist der »Kalender«. Den klicken Sie an. Zuerst den Monat, dann auf »Auswählen«, dann den Tag angeben. Möchten Sie weiter ins Detail gehen, dann wählen Sie Geburtstage, Gedenktage oder Themen. War ein Tag besonders wichtig, gibt's dazu auch Video-Sequenzen zum Genießen.

Hier geht's zum Link:
www.kalenderblatt.de

Dieser Klick lohnt sich: Hier finden Sie ...

- Inspiration für ein ganz persönliches Geburtstagsgeschenk.
- Alles Wissenswerte rund um ein Datum.

//Länderinformationen

Alle Länder erleben ...

Wie heißt der König von Thailand? Wo befindet sich die diplomatische Vertretung in Belgien? Und wie ist eigentlich gerade das Wetter in Australien? Sparen Sie sich den Weg zum Reisebüro, denn dieser Link verrät es Ihnen: www.spiegel.de/jahrbuch. Dieser Online-Almanach beinhaltet Zahlen und Fakten aus allen 193 Staaten der Erde. Hier erfahren Sie alles: Von Geschichte und Geografie bis zu Küche und Kultur – alles ist übersichtlich präsentiert. Sie wählen einfach Ihr Land, und ein detaillierter Steckbrief folgt.

So funktioniert's

Von A wie Albanien bis Z wie Zypern: Alle 193 Staaten unserer Erde finden Sie in diesem Internet-Almanach wieder. Einfach auf dem Länderindex einen Anfangsbuchstaben auswählen und im Nu werden Sie fündig:

Währung, Wetter, Visa: Was brauche ich eigentlich und was erwartet mich wo? Dieser Link liefert viele Details. Neben den Einreisebestimmungen und den medizinischen Hinweisen finden Sie hier auch wichtige strafrechtliche Hinweise und Vorschriften zur Sicherheit. Reiseberichte runden das Bild ab.

Hier geht's zum Link:
www.spiegel.de/jahrbuch

Dieser Klick lohnt sich: Hier finden Sie ...

- Die wichtigsten Informationen zu allen Ländern.
- Interessante Tipps für Reisen, das Pauken auf eine Prüfung oder die Hintergrundrecherche für ein langes Feature.

//Deutsche Geschichte

Tauchen Sie ein, in ein Jahrhundert der Geschichte

Begeben Sie sich auf eine spannende Zeitreise. Dieser Link bietet Ihnen eine umfassende und lebendige Chronik unseres vergangenen Jahrhunderts. Von der Einführung des Bürgerlichen Gesetzbuches am 1. Januar 1900 bis zur Jungfernfahrt der Transrapid-Schwebebahn am 31. Dezember 2002: Kein Ereignis fehlt. Hier finden Sie Biografien, Statistiken, Videos, historische Landkarten Gesetzestexte und viel Hintergrundwissen. Informationen zu jeder Epoche, jedem Ereignis und jedem einzelnen Tag warten auf Sie.

So funktioniert's

Von der »Gegenwart« bis ins »Kaiserreich«, von 1900 bis 2002: Die Startseite gibt Ihnen einen ersten, guten Überblick über die Epochen-Einteilung der Deutschen Geschichte. Kein langes Durchklicken ist nötig. Nach der Epochenwahl kommt auch schon die erste allgemeine Information. Schnell und prägnant. Und für alle, die etwas gezielter suchen: Jede Jahreszahl ist anwählbar. Jeder Text beinhaltet zahlreiche Querverweise (auf andere Texte, Landkarten, Video-Sequenzen, Statistiken etc.). Und jedem epochenspezifischen Thema ist ein eigener Unterpunkt gewidmet.

Hier geht's zum Link:
www.dhm.de/lemo/home.html

Dieser Klick lohnt sich: Hier finden Sie ...

- Wissen so vermittelt, wie wir es uns in der Schule gewünscht hätten! Mit vielen Dokumenten, Statistiken, Bildern, Videos.
- Ereignisse für jedes einzelne Jahr und jeden einzelnen Monat. Chronologisch und thematisch geordnet.

//Wikipedia: Das etwas andere Lexikon

Enzyklopädien oder »Alles, was man wissen muss ...«

Haben Sie auch ein richtig schönes Lexikon zu Hause? Zehn Bände und mehr? Es sieht gut aus, da in seinem Regal – nur benutzen Sie es wahrscheinlich selten, wenn Sie Informationen brauchen.

Den Grund verrät ein Blick auf das Erscheinungsdatum: 1990 und früher steht da oft. Wörter wie »Krieg, gallischer« finden Sie hier sicher – aber wie steht's mit Cyberspace, Web-Browser oder Klonen? Hier werden Sie oft vergeblich suchen. Die Lösung wäre ein Lexikon, das mit der Zeit geht – ein Lexikon im Internet! Wikipedia ist ein solches Internet-Lexikon und es ist kostenlos.

Täglich neu ...

Das Besondere an Wikipedia: Dieses Lexikon im Internet ist von Privat-Menschen für Privat-Menschen. Denn auf der einen Seite können sie jederzeit und absolut gratis auf alle Artikel zugreifen. Auf der anderen Seite sind es aber die Benutzer, die Artikel zu den einzelnen Stichwörtern erstellen oder verbessern. Wenn die »neue Version« als gut befunden wurde, ersetzt sie den alten Text. Dadurch wächst und lernt Wikipedia jeden Tag! Ein großer Vorteil!

Hier geht's zum Link:
www.wikipedia.de

Dieser Klick lohnt sich. Er bietet Ihnen ...

- Aktuell über 270.000 Artikel, und wöchentlich kommen mehr als 3.000 neue dazu (Stand 11/2005).
- Alle Stichwörter in den einzelnen Texten sind wieder ein eigener Link – so klicken Sie sich mit wenigen Maus-Klicks durch ein ganzes Thema!

//Postgebühren: Was kostet was?

Kalkulieren Sie mal ...

Nun steht Ihr Werk. Doch wie kommt es in die Welt? Wenn Sie selbst versenden, wollen Sie nun wissen, was es kostet. Gerade für Werbepost und Päckchen gibt es viele clevere Chancen, Geld zu sparen. Hier bringen wenige Klicks schnelle Hilfe.

So funktioniert's

Der Auftritt der Deutschen Post AG bietet viele Informationen auf der Homepage und auf speziellen Unterseiten. Wer auf www.deutschepost.de im Menü »Schnelleinstieg« Porto / Preise berechnen anklickt, bekommt schnelle Antwort auf seine Portofragen. Die Spezialseite www.direktmarketing.de bietet Infos und Serviceleistungen zum Dialogmarketing, und mit www.briefeschreiben.de landen Sie auf einer weiteren Spezialseite.

Postsitter.de sorgt ebenfalls für schnelle Information rund um den Versand und posttipp.de vergleicht auf der Suche nach dem günstigsten Preis für Sie auch unabhängige Dienstleister.

Hier geht's zu den Links:
www.deutschepost.de
www.direktmarketing.de
www.briefeschreiben.de
www.postsitter.de
www.posttipp.de

Diese Klicks lohnen sich: Hier finden Sie ...

- Portopreise, Praxishilfen und viele Chancen, Geld zu sparen.

Lexikon

//Fremdwörterlexikon

Kommt Ihnen ein Wort »fremd« vor?

► Kein Wunder. 100.000 Fremdwörter soll es in der deutschen Sprache geben. Genaue Angaben gibt es nicht, nur geschätzte Werte. Da bleibt schon mal die eine oder andere Bedeutung eines Wortes im Dunkeln. Doch nicht mehr lange. Mit diesem Link lassen sich problemlos sämtliche Fremdwörter entschlüsseln. Das Fremdwörter-Lexikon von Langenscheidt macht's möglich.

So funktioniert's

Es empfiehlt sich immer, den Text möglichst verständlich zu halten. Sprich: auf Fremdwörter und komplizierte Bezeichnungen zu verzichten. Allerdings ist Ihre Zielgruppe der Maßstab. Gerade fachliche Texte fordern das präzise Wort und nutzen Begriffe z. B. lateinischer, englischer oder französischer Herkunft. Ob schnelles Nachschlagen oder die Suche nach einer passenden Umschreibung: Das Fremdwörterlexikon von Langenscheidt hilft weiter. Denn die Datenbank mit gut 30.000 Einträgen lässt Sie nicht im Stich. Einfach das Fremdwort eintippen, und schon werden Sie mit der deutschen »Übersetzung« versorgt.

Hier geht's zum Link:
www.langenscheidt.de/fremdwb/fremdwb.html.

Dieser Klick lohnt sich: Hier finden Sie ...

- Eine Übersetzung aller Fremdwörter, die Ihnen unbekannt vorkommen.
- Ein Lexikon mit einfacher Suchfunktion zum schnellen Nachschlagen.

//Synonyme – Wortschatzlexikon

Nie mehr Wortwiederholungen

Beim Texten sollte man seinen Gedanken erst einmal freien Lauf lassen. Das Resultat: Ein Rohtext. Und der wird nun zum Reintext bearbeitet. Jetzt werden Wortwiederholungen beseitigt, neue Begriffe gesucht. Manche Wörter kann man ganz einfach ersetzen. Über andere zerbricht man sich stundenlang den Kopf. Sinnverwandte Begriffe sind Synonyme. Schlafen oder schlummern, lesen oder schmökern? Hier ist ein ganz und gar empfehlenswertes Wörterbuch im Internet.

So funktioniert's

Eigentlich liefert ein Klick auf das Wortschatzlexikon der Uni Leipzig weit mehr als Synonyme. Das Lexikon ist ein wahrer Schatz, der im Rahmen des Projekts Deutscher Wortschatz für private und wissenschaftliche Zwecke unentgeltlich zur Verfügung steht. Am Kopf der Website ein Wort eintragen, »nachschlagen« anklicken – und schon geht's los. Synonyme, Wortzusammensetzungen, signifikante Nachbarn und noch mehr liefert das Wortschatzlexikon. Und wem das noch nicht genügt: Erweiterte Suchmöglichkeiten machen die Abfrage von Anagrammen, die Suche von Adjektiven oder Verben zu Substantiven oder die Suche nach Wörtern bestimmter Länge möglich. Und, und, und ... Sie werden schnell merken: Auf das Wortschatz-Lexikon wollen Sie schon bald nicht mehr verzichten.

Hier geht's zum Link:
www.wortschatz.uni-leipzig.de

Dieser Klick lohnt sich: Hier finden Sie ...

- Ein Lexikon der Superlative.
- Ein unverzichtbares Werkzeug für Text-Profis.

//Zitate-Lexikon

»Oft ist das Denken schwer, indes,
das Schreiben geht auch ohne es.«
(Wilhelm Busch)

»Es schreibt keiner wie ein Gott, der nicht gelitten hat
wie ein Hund.«
(Marie von Ebner-Eschenbach)

Perlen wie diese, mal mehr, mal weniger zutreffend, braucht man ab und an als Texter. Für den Kapiteleinstieg, zur Garnierung oder manchmal auch, um einen Schuss Ironie einzufügen. Doch nicht immer hat man die passende Redewendung im Kopf. In der Internet-Datenbank zitate.de finden Sie Zitate für jede Gelegenheit.

So funktioniert's

Sie suchen das ideale Zitat für Ihren Text? Eine einfache Suchfunktion hilft Ihnen dabei. Drei Möglichkeiten stehen zur Wahl. Sie können die Datenbank nach Kategorie, Stichwort oder Autor durchforsten. Für alle Gelegenheiten ist die passende Kategorie dabei: von A wie Abenteuer bis Ü wie Überzeugungskraft. Besonders hilfreich: Die Stichwortsuche nach frei einzugebenden Begriffen. Probieren Sie es aus. Ein angenehmer Nebeneffekt: Zitate lockern nicht nur Ihren Text auf, sondern sind eine phantastische Inspirationsquelle.

Hier geht's zum Link:
www.zitate.de

Dieser Klick lohnt sich: Hier finden Sie ...

- Ein Hilfsmittel, mit dem Sie Ihre Texte spannender und interessanter machen.
- Für jede Gelegenheit den passenden Spruch.

//Geschichten hinter großen Marken

Was steckt hinter Audi, Tempo und der Milka-Kuh?

Marken und ihre Geschichten gehören zu dem Stoff, aus dem unsere Werbe- und Produktwelt gebaut ist. Wer hier mehr erfahren will, findet mit dem Lexikon der Markennamen ein nützliches Werkzeug. Übrigens finden sich viele weitere interessante Links im Umfeld des Lexikons auf Focus Medialine.

So funktioniert's

Das Lexikon der Markennamen ist alphabetisch geordnet. Im Index wählen Sie etwa den Buchstaben »A« – schon erscheint die Liste aller Unternehmen mit »A« als Anfangsbuchstaben, von Adidas über afri-cola bis zu Aspirin. Doch es gibt noch mehr: Erklärungen zu jedem Namen geben Einblick in die Geschichte der Unternehmen. Wussten Sie zum Beispiel, dass der Name Milka ein einfaches und sehr einleuchtendes Kompositum ist? Er besteht nämlich aus den Teilen Milch und Kakao. Solche Informationen geben Ihren Texten die Würze, die Sie von der Konkurrenz abheben.

Hier geht's zum Link:
www.medialine.focus.de
(Dann im Bereich Wissen einfach auf »Lexikon der Markennamen« klicken.)

Dieser Klick lohnt sich: Hier finden Sie ...

- Die Geschichten und Hintergrundinfos zu etwa 250 Markennamen.
- Spannende Einblicke in die Industriegeschichte des letzten Jahrhunderts.

//Rechtschreibung und Sprachberatung

Clearingstelle für Rechtschreibfragen

Gleich zwei Links und zwei Telefonnummern helfen, wenn guter Rat nötig ist. Zunächst der Klick zu www.wissen.de Hier helfen zwei Wörterbücher kostenlos weiter: Zunächst »der Wahrig«: »Die deutsche Rechtschreibung« und das »Bertelsmann Wörterbuch der deutschen Sprache«. Auch auf der Website der Dudenredaktion in Mannheim klärt eine hervorragende Duden-Suche in zahlreichen Wörterbüchern des Verlages jede Frage zur Rechtschreibung. Leider jedoch kostenpflichtig.

Zwei wichtige Telefonnummern für alle Profischreiber sind die Sprachberatungen von Wahrig und der Dudenredaktion in Mannheim. Wenn kein Korrektor in der Nähe ist, wenn Chef, Kunde oder Auftraggeber anderer Meinung sind als Sie: In allen Streitfällen erhält man hier zu den üblichen Bürozeiten unter Tel.: 09 00 / 1 89 89 60 (Wahrig) oder Tel.: 09 00 / 1 87 00 98 (je 1,86 / Min. aus dem deutschen Festnetz) guten Rat. Diese »höchstrichterlichen Instanzen« sollten helfen, Unklarheiten auszuräumen, und ersparen unter Umständen viele fruchtlose Diskussionen im Unternehmen.

Hier geht's zum Link:
www.wissen.de
(im unteren Bereich der Homepage)
www.duden.de
(Menüpunkt »Duden-Suche«)

Klick und Anruf lohnen sich: Hier finden Sie ...

- Schnelle Hilfe bei Rechtschreibfragen.
- Freundliche Unterstützung von »höchster Stelle«, auch bei Spezialfragen zur richtigen Schreibung.

Sprache

//Das Wort des Monats

Wussten Sie, ...

► ... dass »*Beratungsdiebstahl*« nicht nur eine kreative Wortschöpfung ist, sondern zum Wort des Monats Juli 2004 gekürt wurde? Das »Wort des Monats« finden Sie jeden Monat neu auf www.wissen.de Beispiele sind Rentenloch, sozial schwach oder Heuschreckenkapitalismus. All diese Wörter haben eines gemeinsam: Sie treffen den Zeitgeist wie ein Hammer den Nagelkopf. So haben Sie eine willkommene Informations-Quelle für Texte – und Inspiration für Headlines und Teaser.

So funktioniert's

Das Wort des Monats wird demokratisch auf www.wissen.de gewählt. Eine Begründung für sein Wort liefert jeder Wähler mit. Die können Sie auf der Seite auch nachlesen: So haben Sie ein sicheres Zeichen dafür, was den Menschen zurzeit »auf den Nägeln brennt« – und finden so Themen, die wirklich interessieren.

Hier geht's zum Link:

www.wissen.de/xt/default.do?MENUNAME=PS_W_S_Special_5

Dieser Klick lohnt sich: Hier finden Sie ...

- Jeden Monat den Begriff, der die Diskussion in Deutschland bestimmt. Dazu eine ausführliche Begründung – die Ihnen Stoff für Texte, Headlines und Teaser bietet.

//Wortgeschichten

Oder: Woher kommt die Ellenbogengesellschaft?

Ob *»cool«*, *»okay«* oder einfach nur *»bingo«*: Das 20. Jahrhundert ist geprägt von vielen kuriosen Mode-Wörtern. Noch kurioser werden manche Begriffe, beschäftigt man sich mit ihrer Entstehungsgeschichte. Woher kommt zum Beispiel die *»Ellenbogengesellschaft«*, oder das *»Handy«*? Dieser Link zeigt es Ihnen. Er führt Sie auf eine vergnügliche, aber auch nachdenkliche Reise quer durch die Wortgeschichte. 200 faszinierende Schlüsselbegriffe warten auf Sie ...

So funktioniert's

Es ist natürlich nur ein Gerücht, dass die Bezeichnung »Handy« für ein Mobiltelefon aus dem Schwäbischen stammt. Angeblich hat ja ein Schwabe beim Anblick eines kabellosen Telefons gefragt: *»Hän di koi Schnur?«* Et voila, da war das Wort Handy geboren. Aber, wie gesagt: Es ist ein Gerücht. Wie die Bezeichnung wirklich entstanden ist, das verrät Ihnen dieser Link. Er führt Sie direkt auf ein erstes kleines Inhaltsverzeichnis. Hier haben Sie die Wahl zwischen Wort-Kuriositäten aus den Bereichen Gesellschaft, Kultur, Lifestyle, Technik ... und vielen mehr. Um die Herkunft von Handy zu ergründen, wählen Sie natürlich »Technik«. Ein neues Fenster tut sich auf, und hier verbergen sich viele interessante Schlüsselbegriffe ...

Hier geht's zum Link:

www.wissen.de

(Klicken Sie auf den Menüpunkt »Geschichte Gegenwart Zukunft«, dann auf den Themenpunkt »Jahrhundertwörter«.)

Dieser Klick lohnt sich: Hier finden Sie ...

- Interessante Details zu interessanten Wörtern.
- Kurioses Wissen, mit dem Sie auf jeder Party glänzen.

//Projekt Gutenberg oder die größte Internet-Bibliothek der deutschsprachigen Welt

Wer schreiben will, muss erst mal lesen

Das müssen Sie als Leser und erst recht als Texter kennen: Literatur en masse! »Klassische« Texte von Aesop bis Stefan Zweig. Etwa 420.000 Textseiten in 80.000 Dateien. Darunter: 14.000 Gedichte, 1600 Märchen und euphorische Bewertungen der Website von »einfach großartig« bis »mit echter Bewunderung«. Zusammen mit spiegel.online stellt das Projekt Literatur ins Netz, die älter als 70 Jahre und damit urheberrechtsfrei ist. Stöbern Sie einfach!

So funktioniert's

Die Gutenberg-Seite funktioniert über einen praktischen Index: Sie wählen zum Beispiel den Buchstaben »K« – schon erhalten Sie eine Liste mit allen Autoren, deren Name mit »K« beginnt, von Kafka bis Kotzebue. Und hier finden Sie nicht nur die großen Klassiker: Auch für Kenner sind viele Autoren dabei, unter »K« etwa Kügelgen, Kompert und Kyber.

Hier geht's zum Link:
http://gutenberg.spiegel.de/

Dieser Klick lohnt sich: Hier finden Sie ...

- Tausende von Texten von Dutzenden von Autoren – das Beste der deutschen Literatur auf einer Seite.
- Jeden Text gibt's mit einem Klick als Druckversion. Also: Starten Sie Ihre Download-Bibliothek – sie ist völlig gratis!

Zauberkasten

7 Tricks, die Sie sofort bei der Text-Optimierung unterstützen ...

► Gutes Texten ist kein Hexenwerk! Sie brauchen kein diplomierter Schriftsteller zu sein, um außergewöhnliche und starke Texte aufs Blatt zu zaubern. Das Entscheidende ist, dass Sie sich beim Texten an ein paar Grundregeln halten. Darum ging es in diesem Buch. Und mit den folgenden Tipps Ihre Texte weiter optimieren.

Der folgende »Zauberkasten« gibt Ihnen sieben Schreib-Tricks mit auf den Weg. Aufbauend auf den Kapiteln dieses Buches finden Sie hier ein System, mit dem Sie Ihre Texte ganz einfach weiter optimieren – von der Ideenfindung bis zum fertigen Text. Alles, was Sie jetzt noch brauchen, ist eine Textvorlage, ein Rotstift, und schon kann's losgehen ...

//Schreib-Trick Nr. 1: Entwickeln Sie ein Textkonzept

Was steht an welcher Stelle in Ihrem Prospekt? Welches Argument folgt auf das vorhergehende? Gerade bei längeren Texten macht es Sinn, sich ein Textkonzept aufzubauen. Hier sind zwei Möglichkeiten, konzeptionell weiterzukommen:

Die Handskizze:

Sinnvoll für alle, die von Anfang an sehen wollen, was rauskommt, und ein gängiges Verfahren in der Entwicklung von Prospekten, Broschüren, Anzeigen. Man macht sich selbst eine Handskizze bzw. ein Rohlayout und positioniert Bilder, Einklinker und Textblöcke (Blindtext) mit Themenangabe bereits auf dem Blatt

Papier. Der Vorteil: Sie bekommen schnell ein Gefühl für die erforderliche Textmenge und das Zusammenwirken der einzelnen Elemente.

Die Mindmap:

Mindmaps sind Baumstrukturen. Blickt man auf eine Mindmap, hat man das Gefühl, man blickt von oben in eine Baumkrone hinein. Da gibt es zuerst einen Baumstamm. Er bezeichnet das Thema der Mindmap. Dann gibt es Hauptäste mit den Oberthemen und weitere Verzweigungen, die mit Schlüsselbegriffen versehen sind. Gerade, wer lange Texte mit vielen Unterpunkten, Kapiteln oder Handlungssträngen entwickelt, hat hier ein Werkzeug, mit dem er den Überblick behält und kreativ arbeiten kann. Auch das Konzept für dieses Buch wurde zunächst mit einer Mindmap entwickelt.

Mindmapping ist gewöhnungsbedürftig, aber kinderleicht. Der große Vorteil: Sie zeichnen ein »Themenbild«, aktivieren so auch den Bildspeicher Ihres Gehirns, zwingen sich nicht in eine ganz und gar analytische Gliederung. Und: Mindmapping macht Spaß. Hier sind die wichtigsten Grundregeln:

01. Nutzen Sie ein großes Blatt und arbeiten Sie mit Farben.
02. Setzen Sie das Hauptthema in die Blattmitte.
03. Zeichnen Sie Hauptaspekte / Hauptkapitel als Hauptäste Ihres Mindmap-Baumes.
04. Aus den Hauptästen entwickeln Sie weitere Verzweigungen.
05. Beschriften Sie Äste und Zweige mit Schlüsselwörtern nicht mit ganzen Sätzen.
06. Schreiben Sie nur ein Schlüsselwort auf eine Linie.
07. Arbeiten Sie zusätzlich mit Symbolen.

Stukturieren Sie Ihren Text mit Hilfe einer Mindmap.

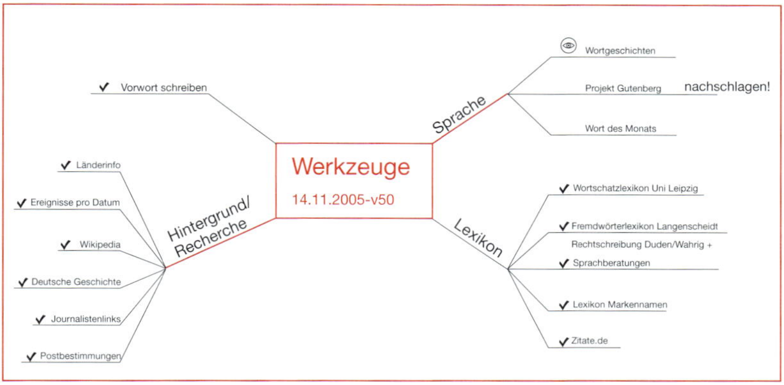

Mindmap des Kapitels »Werkzeuge«

Entwickelt wurde diese Technik in den siebziger Jahren durch den Engländer Tony Buzan. Wer dazu mehr erfahren will, liest einfach nach. Zum Beispiel in Bayerl, Claudia: 30 Minuten für Kreativitätstechniken. Offenbach: Gabal, 2005 oder informiert sich über die Website www.mindjet.de.

//Schreib-Trick Nr. 2: Versuchen Sie niemals, sofort druckreif zu schreiben

»Rom wurde ja auch nicht an einem Tag erbaut.« Kennen Sie diesen Spruch? Für Texter liegt hier eine tiefere Wahrheit. Denn ein guter Text entsteht selten in einem Wurf. Ganz im Gegenteil: Texten ist ein Prozess. Ein Weg vom Rohtext zum Reintext. Rohtext nennt man den ersten, noch »unbehauenen« Textentwurf. Reintext ist das druckreife Ergebnis. Überlegen Sie einmal: Wer sofort versucht, perfekt zu schreiben, blockiert sich selbst. Denn sofort meldet sich unser Gehirn mit kleinen Botschaften wie »Eigentlich kann ich es besser!«, »Das ging mir gestern leichter von der Hand!« Und diese Botschaften bremsen Ihren Schwung.

Machen Sie's wie die Profis. Im ersten Rohtext geht es nur darum,

Ihr Thema inhaltlich zu fassen. Der Text muss noch nicht perfekt sein. Aber vollständig. Und er sollte beinhalten, was Sie sagen wollen. Erst dann kümmern Sie sich um die Optimierung. Also: erst der Inhalt, dann die Form. Denn Texten ist ein Prozess. Und der führt vom Rohtext zum Reintext!

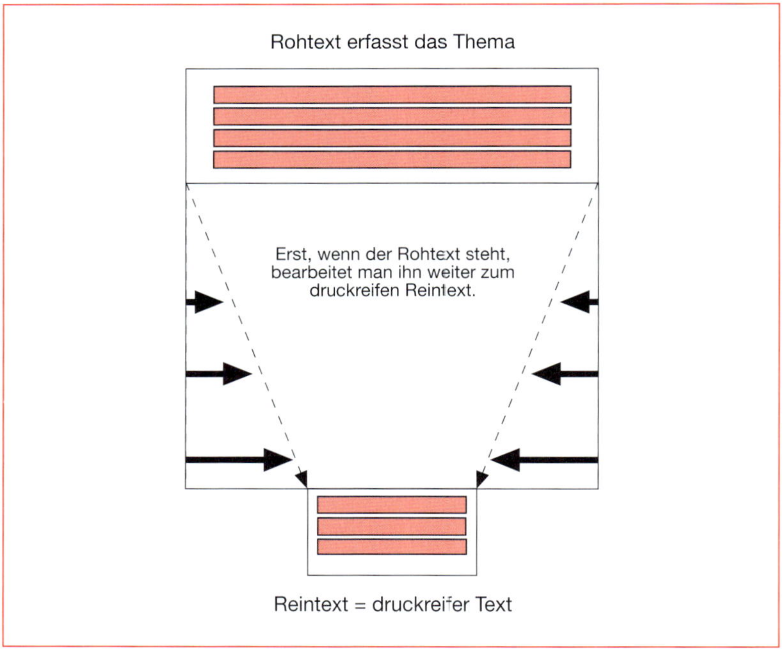

Zuerst entsteht der Rohtext, dann der Reintext.

Versuchen Sie nicht, druckreif zu schreiben.

//Schreib-Trick Nr. 3. Markieren Sie zu lange Sätze

Kontrollieren Sie Ihre Sätze. Ist ein Satz zu lang oder zu verschachtelt, dann teilen Sie ihn. Denn zu lange Sätze machen es dem Leser schwer, den roten Faden Ihres Textes zu behalten.

Wissenschaftliche Untersuchungen haben gezeigt: Wenn wir gesprochene Texte hören, merken wir uns etwa 14 Wörter mühelos. Deshalb setzt man bei 14 Wörtern auch die so genannte Obergrenze für gesprochene Texte an. Wer Werbetexte, Telefonskripten oder Drehbücher schreibt, tut gut daran, sich an dieser Grenze zu orientieren. Aus dem Kapitel 1 wissen Sie auch: Es gibt Satzzeichen wie den Doppelpunkt, die zum Weiterlesen motivieren. Dann können Ihre Sätze ruhig auch länger sein. Wenn wir für den praktischen Gebrauch eine »Zauberkasten-Regel« hieraus entwickeln, lautet sie: Ihre Sätze sollten nicht länger als 14 bis 20 Wörter sein. Also: Setzen Sie frühzeitig Ihren Punkt.

Ganz praktisch unterringeln Sie mit Ihrem Rotstift jeden Satz in Ihrem Text, in dem mehr als 14 Wörter erscheinen. Überlegen Sie anschließend, wie Sie zumindest Sätze ab 20 Wörtern aufteilen. Aber vergessen Sie nicht: Dies ist ein Vorschlag zur Text-Optimierung. Wenn in einem sehr umfangreichen Text ein paar längere Sätze vorkommen, können Sie diese ruhigen Gewissens stehen lassen. Nur Überhandnehmen dürfen sie nicht.

Unterringeln Sie alle Sätze, die mehr als 14 Wörter haben.

//Schreib-Trick Nr. 4: Kennzeichnen Sie alle Kommas

Ein einfacher Trick, um sich die eigene Satzstruktur deutlich zu machen, ist die Kennzeichnung aller Kommas. Mit Ihrem Rotstift malen Sie einfach einen roten Kreis um jedes Komma Ihres Rohtextes. Muss es hier wirklich stehen? Schlagartig entdecken Sie so Schachtelsätze, eingeschobene Nebensätze. Versuchen Sie doch einfach, die schlimmsten »Schachteln« zu befreien und machen Sie eigene Sätze daraus.

Selbstverständlich lassen Sie viele Nebensätze stehen. Aber verändern Sie einen Satz da, wo er schwer verständlich oder schwerfällig wird.

Kennzeichnen Sie alle Kommas.

//Schreib-Trick Nr. 5: Schreiben Sie Wortlängen für das Auge des Lesers ...

Kontrollieren Sie Ihre Wörter – vor allem die langen und mehrsilbigen. Der »*Eröffnungsgutschein*« ist zwar ein sehr beliebtes Werbegeschenk – im Text versteckt, kann Ihr Leser aber sehr leicht darüber stolpern. Also: Trennen Sie solche vielköpfigen Wort-Ungeheuer. Machen Sie aus dem »*Eröffnungsgutschein*« einen »*Eröffnungs-Gutschein*« oder gleich den »*Gutschein zur Eröffnung*«. Bedenken Sie: Für Sie ist es nur ein Bindestrich (»–«), für Ihren Leser aber ist es eine wichtige Stütze fürs Auge. (Siehe Augenanhaltepunkt im Kapitel »Grundlagen«.)

Etwa fünf bis sechs Silben können wir bei einer Schriftgröße von 12 pt mit einem Augenhaltepunkt aufnehmen. Deshalb ist Ihr Rotstift nun wieder dran: Kennzeichnen Sie alle 6-silbigen und längeren Begriffe mit kleinen Pfeilchen. Umschreiben Sie diese Begriffe mit Hilfe des Genitivs (»Oberfläche des Tapeziertisches«) oder trennen Sie sie durch den Bindestrich (»Tapeziertisch-Oberfläche«).

Kennzeichnen Sie lange Wörter mit zwei kleinen Pfeilchen.

//Schreib-Trick Nr. 6: Schreiben Sie im Verbalstil ...

Nach dieser langjährigen, nicht immer einfachen, jedoch immer überraschenden und ergebnisorientierten Zusammenarbeit möchte ich Ihnen heute als Ergebnis unserer mehrtägigen spannenden und anregenden Klausurtagung in Augsburg ...

Na was? Die Kündigung überreichen? Eine Belobigung aussprechen? Nach 26 Wörtern erfährt der Leser immer noch nicht, was da kommt. Der Grund: Ohne Verb wissen wir nicht, was geschieht. Und das ist im Beispielsatz bislang noch nicht aufgetaucht. Dafür sorgt übrigens das kleine Wort »möchten«.

»Können, müssen, möchten, dürfen, wollen, sollen, oder würden« sind Hilfsverben. Und die verbannen den lebendigen Teil Ihres Satzes – das Verb – ans Satzende. Vor allem, wenn Sie in der Werbung über ein Produkt sprechen, sind Hilfsverben tabu. Sagen Sie klar und deutlich, was Ihr Produkt kann. Sagen Sie, was es leistet, und nicht was es leisten könnte. Sagen Sie »ich meine«, nicht »ich würde meinen« ...

//Die Regel heißt: Verben nach vorn!

Die Ausnahme von der Regel: Sie *müssen* nicht auf alle Hilfsverben verzichten. Erlaubt sind sie, um besonders höflich zu sein (Darf ich bitten!) oder um eine Aussage zu relativieren. Banken zum Beispiel versprechen keine Rendite von 10%, sondern sie bieten Ihnen ein Produkt, mit dem Sie 10% Rendite erzielen *können*. Und im Sinne von »die Fähigkeit haben« ist das Hilfsverb »können« durchaus geeignet.

Markieren Sie »können, müssen, möchten, dürfen, wollen, sollen oder würden« durch ein X.

//Schreib-Trick Nr. 7: Mode- und Fremdwörter au revoir

Achten Sie auf die Fremd- und Modewörter in Ihrem Text. Hierzu zählen auch firmeninterne Fachbegriffe und nicht selten die eigene Umgangssprache. Fragen Sie sich bei jedem ungebräuchlichen Wort, ob Ihre Zielgruppe dies auch mühelos versteht. Versetzen Sie sich in die Lage Ihrer Kunden und formulieren Sie in deren Sprache.

Kennzeichnen Sie doch einmal alle Begriffe, die Ihr Leser möglicherweise nicht versteht, mit einem Kästchen! Prüfen Sie nun für jedes Kästchen, ob es sich nicht durch ein anderes, gebräuchliches Wort ersetzen lässt. Und wenn Sie im Text auf einen bestimmten Fachbegriff nicht verzichten wollen: Führen Sie ihn behutsam ein und erklären Sie ihn! Und behalten Sie stets im Hinterkopf: Einen Fachausdruck, den Sie auf Seite 1 erklärt haben, hat Ihr Leser auf Seite 8 unter Umständen wieder vergessen ...

Kennzeichnen Sie alle ungebräuchlichen Begriffe mit einem Kästchen.

//Zu guter Letzt ...

Wichtig beim Schreiben ist natürlich nicht allein das Handwerkszeug, sondern auch die regelmäßige Übung. Auch dieser kleine »Zauberkasten« hat nur einige der Regeln aus diesem Buch für Sie schnell umsetzbar gemacht. Haben Sie Ihren Text entsprechend diesem System bearbeitet, erkennen Sie sehr schnell, wo Sie noch nachbessern oder noch einmal neu überlegen sollten.

Viel Erfolg beim Ausprobieren!

Nach dem Schluss geht's los

//Nach dem Spiel ist vor dem Spiel!

Das geflügelte Wort Sepp Herbergers hat auch für Profi-Schreiber eine tiefere Bedeutung. Immer wartet der nächste Text. Und mit jedem Text werden Sie besser. Hier sind drei Tipps zum Schluss:

01. »Verschreiben« Sie sich ein Übungsprogramm, führen Sie Tagebuch, tragen Sie ein kleines Notizbuch für Einfälle mit sich.
02. Gönnen Sie sich Leseerlebnisse, stöbern Sie wieder einmal in einer Buchhandlung, entdecken Sie Gedichte neu. Der Link zum Projekt Gutenberg im Kapitel »Werkzeuge« ist hier ein erster Einstieg.
03. Besuchen Sie einfach www.textakademie.de und holen Sie sich Ihren kostenlosen Textertipp des Monats. Denn alle vier Wochen schreibe ich einen Tipp zum Thema Texten. Er liefert Ihnen immer wieder neu sofort umsetzbares Wissen zu unserem Thema.

Vielleicht sehen wir uns auch einmal auf einem meiner Seminare oder Vorträge. Dann freue ich mich einfach schon jetzt auf ein persönliches Kennenlernen. Termine und Details finden Sie ebenfalls auf www.textakademie.de oder über www.einfach-besser-texten.de.

Ihr Stefan Gottschling

Sie erreichen mich unter:
Textakademie GmbH
Augsburger Offiziershaus
Walter-Oehmichen-Weg 6, 86150 Augsburg
Tel.: 0821/5677765; Fax: 0821/5677764
Meine persönliche Mail für Sie: gottschling@einfach-besser-texten.de

Danke

Viele Menschen haben mitgeholfen, dieses Buch zu schreiben. Deshalb sage ich herzlichen Dank allen Besuchern meiner Seminare und Vorträge, die durch Fragen, Ideen und Kritik die Lust wachsen ließen, dieses Buch zu schreiben.

Ein großes Danke an die Redaktion der Textakademie. U. a. an Martin Niedermeier, Tobias Schlegel, Stefan Schwade, Anika Geisel, Marco Niecke. Herrn Niedermeier besonderen Dank für Steilvorlagen zu Liebesbrief und Satzzeichen, Herrn Schlegel für Anglizismen und Feuerwehr im Finishing.

Der letzte Dank an das Team der Textakademie und an Claudia Maria Bayerl, die mit mir das Unternehmen leitet. Sie ist einfach die beste Trainerin für Kreativitätstechniken, die ich kenne.

Hier eine kleine Auswahl empfehlenswerter Bücher. Sie wird ergänzt durch die Lese- und Linktipps in den jeweiligen Kapiteln:

Bayerl, Claudia Maria: 30 Minuten für Kreativitätstechniken. Offenbach: Gabal, 2005

Duden-Redaktion: Briefe gut und richtig schreiben. 3. überarbeitete und erweiterte Auflage. Mannheim: Bibliographisches Institut & F.A. Brockhaus, 2002

Ende, Michael: Jim Knopf und Lukas der Lokomotivführer. 4. Auflage. Stuttgart: Thienemanns, 1961

Frey, James N.: Wie man einen verdammt guten Roman schreibt. Köln: Emons Verlag, 1993

George, Elisabeth: Wort für Wort. München: Goldmann, 2004

Gottschling, Stefan: Stark texten, mehr verkaufen. 2. überarbeitete und erweiterte Auflage. Wiesbaden: Gabler, 2006

Gottschling, Stefan: Die Texterfibel für das Direktmarketing. Augsburg: Textakademie, Zahlreiche Auflagen seit 2002

Gottschling, Stefan: Textwerkstatt. Das Hörcassetten-Programm. 2 Audiocassetten à 40 Minuten. Augsburg: Textakademie, 2001

Gottschling; Rechenauer: Direktmarketing. München: Manz Verlag, 1994

Groeben, Norbert: Leserpsychologie: Textverständnis – Textverständlichkeit. Münster: Aschendorf, 1982

Häusel, Hans Georg: Brain Script. Planegg, München: Haufe, 2005

Langer; Schulz von Thun; Tausch: Sich verständlich ausdrücken. München, Basel: Ernst Reinhard Verlag, 1990

Rothmann, Kurt: Kleine Geschichte der deutschen Literatur. 7. Auflage. Stuttgart: Reclam, 1985

Schneider, Wolf: Deutsch für Kenner. 7. Auflage. München: Piper, 2002

Schneider, Wolf: Deutsch für Werber. Bonn: VDZ-Edition Publikumszeitschriften, o.J.

Schneider, Wolf: Deutsch fürs Leben. 2. Auflage. Reinbek bei Hamburg: Rowohlt, 2002

Sick, Bastian: Der Dativ ist dem Genitiv sein Tod. Folen 1 und 2. Köln: Kiepenheuer & Witsch, 2004 und 2005

GABAL Karriere-Ratgeber mit Internet-Workshop

e-mail-kommunikation
144 Seiten
ISBN 3-89749-178-8

telefonpower
128 Seiten
ISBN 3-89749-175-3

telefonsales
128 Seiten
ISBN 3-89749-288-1

erfolgsrhetorik für frauen
128 Seiten
ISBN 3-89749-364-0

stimmtraining – … und plötzlich hört dir jeder zu
128 Seiten
ISBN 3-89749-176-1

powerpräsentation mit powerpoint
320 Seiten
ISBN 3-89749-365-9

projektmanagement
128 Seiten
ISBN 3-89749-431-0

Zeitmanagement
128 Seiten
ISBN 3-89749-430-2

internet – quick & easy
128 Seiten
ISBN 3-89749-253-9

nutzen bieten – kunden gewinnen
144 Seiten
ISBN 3-89749-254-7

sie bekommen nicht, was sie verdienen, sondern was sie verhandeln
128 Seiten
ISBN 3-89749-177-X

busiquette – korrektes verhalten im job
128 Seiten
ISBN 3-89749-289-X

business with the japanese
128 Seiten
ISBN 3-89749-461-2

die 100%-bewerbung
160 Seiten
ISBN 3-89749-462-0

Überzeugen ohne zu argumentieren
128 Seiten
ISBN 3-89749-511-2

Persönlichkeitsmarketing
128 Seiten
ISBN 3-89749-510-4

assessment center
160 Seiten
ISBN 3-89749-552-X

bewerben in traumbranchen
128 Seiten
ISBN 3-89749-553-8

Informationen über weitere Titel unseres Verlagsprogrammes erhalten Sie in Ihrer Buchhandlung, unter info@gabal-verlag.de oder im GABAL Shop.

www.book-at-web.de

GABAL Business-Bücher für Erfolg und Karriere

GABALs großer Methoden-koffer Arbeitsorganisation
306 Seiten
ISBN 978-3-89749-454-1

GABALs großer Methoden-koffer Managementtechniken
336 Seiten
ISBN 978-3-89749-504-3

Methodenkoffer Führung und Zusammenarbeit
368 Seiten
ISBN 978-3-89749-587-6

Methodenkoffer Persönlichkeitsentwicklung
344 Seiten
ISBN 978-3-89749-672-9

Wenn die anderen das Problem sind
218 Seiten
ISBN 978-3-89749-586-9

Kontern – aber wie?
136 Seiten
ISBN 978-3-89749-182-3

Clever kommunizieren
176 Seiten
ISBN 978-3-89749-734-4

Small Talk von A bis Z
168 Seiten
ISBN 978-3-89749-673-6

Vertrauen und Führung
162 Seiten
ISBN 978-3-89749-670-5

Führungsfaktor Gesundheit
160 Seiten
ISBN 978-3-89749-732-0

Beschwerdemanagement
184 Seiten
ISBN 978-3-89749-733-7

Projektmanagement
208 Seiten
ISBN 978-3-89749-629-3

Informationen über weitere Titel unseres Verlagsprogrammes erhalten Sie in Ihrer Buchhandlung, unter **info@gabal-verlag.de** oder **www.gabal-shop.de.**

7-065